「失敗」を「お金」に変える技術

すべての人にチャンスが
与えられた時代の必須スキル

稲村徹也

きずな出版

It is a mistake to suppose that men succeed through success they much oftener succeed through failures. Precept, study, advice, and example could never have taught them so well as failure has done.

「成功が成功をもたらすというのは間違いであって、むしろ失敗が真の成功をもたらす。他人による教訓、勉強、忠告そして手本などは、人を自らの失敗ほどには教えることができない」

――サミュエル・スマイルズ（英／医師・作家／１８１２～１９０４）

プロローグ——

失敗が許される時代になった

「失敗が怖くて、動けない……」
「チャレンジしたいけど、まわりに反対される……」
「怒られた経験を思い出して、どうしても躊躇《ちゅうちょ》してしまう……」

多くの人は、失敗を「いやなもの」と認識しているでしょう。
たしかに失敗することは怖いですし、失敗したことがまわりに知られたら恥ずかしい、という思いもあるかもしれません。

先に打ち明けてしまうと、私はこれまで、大きな失敗をたくさんしてきています。

億単位の借金を抱え、夜逃げ同然に逃げたこともありますし、一時期はホームレスも経験し、東京の新宿中央公園で寝泊まりをしていました。

もっとさかのぼれば、学生時代は自分の弱さから、いじめに遭いましたし、その反動で非行にも走りました。

これらの話の詳細は本編にゆずりますが、とにかく数えきれないほどの「失敗」を経験しています。

しかし、そんな私も、いまでは経営者・投資家として実業に邁進しながら、世界中の権威、経営者、リーダーなどの一流講師陣を日本に招いて、一緒の舞台で講演をするなど、好きな人と好きなことをし、自由に稼ぐことができています。

これはなにも、過去の失敗自慢をしたいわけでも、成功をひけらかしたいわけでもありません。

私が本書で伝えたいことはひとつ。

失敗はチャンスであり、失敗はお金に変わる

ということなのです。

私がいま人生を楽しく生きられている理由は、間違いなく、たくさんの失敗を経験したからです。

いまの時代を生きるあなたたちは、より「失敗を許される環境」にいます。

年功序列や終身雇用が終焉し、ひとつの会社に長くいなければいけないという常識も幻想になりました。

個人の時代といわれ、好きなことにチャレンジし、それを仕事にするような人たちも当然のように出てきました。

つまり、誰もがチャレンジすることができる時代になったのです。チャレンジをし

て、失敗する。これは恥ずかしいことでもなんでもないのです。

こんな時代だからこそ本書が必要だと思い、筆を執った次第です。

本書は、前半部分で私の半生を振り返りながら、いままで経験してきた数多くの失敗談を語り、そして後半部分で実際に失敗をお金に変えるための「スキル」と「マインド」を披露しています。

読み終わったころには自然と、読者のみなさまが、失敗を成功に変えるための思考に変化しているという構成にしたつもりです。

それでは、まずはこの後の第0章から、私の失敗経験を語りましょう。

しばし、お付き合いください。

Chapter 0

「落ちこぼれ」と呼ばれて

Contents

Chapter 1

「失敗」とは「チャンス」のことである

Chapter 2

なぜ、失敗がお金に変わるのか？

Chapter 3

「失敗」と、お金を引き寄せるスキルの関係

Chapter 4

「失敗をチャンスに変える」を実践していた偉人たち

Contents

Chapter 5

一生お金に困らない体質になる習慣

LAST Chapter

失敗をお金に変えることができた……その先は

「失敗」を「お金」に変える技術

——すべての人にチャンスが与えられた時代の必須スキル

Chapter 0

「落ちこぼれ」と呼ばれて

本書の冒頭でお伝えしたように、私はこれまで、数えきれないほどの大きな失敗を経験してきています。

いまとなっては、当時の失敗が、すべてビジネスや人間関係において、プラスに働いていることが理解できます。

ただし、いままさに失敗し、挫折している最中の人は、とてもそんなことは考えられないでしょう。もちろん当時の私もそうでした。

そこで、第0章として、私の過去の失敗経験を恥も外聞もなく、披露したいと思います。この経験がのちに成功するための伏線になっているということを念頭におき、読んでいただくと、理解が深まるかもしれません。

「知りたい！」欲求に逆らえず……

最初の「失敗」として、いまも覚えているのは、8歳のときです。

当時の私は、テレビが不思議でたまりませんでした。どうやって映し出されているのか？　中に人がいて……というような前近代的な勘違いこそしてはいませんでしたが、とにかく疑問を解き明かしたいという欲求が強まっていくばかりでした。

そして、ある日ついに、私は自宅のリビングにあるテレビを解体してしまったのです。構造を知っているわけでもなく、ただ中身を確かめたいだけですから、元に戻せるはずはありません。

バラバラになったテレビの無残な姿を見て、母は激怒しました。

どのように映し出されているのかという謎を解くことはできませんでしたが、テレビの中には、ブラウン管をはじめとした番組を映し出すためのさまざまな部品があって、それらが電気で動いて映るというレベルでは理解できました。

「いじめられっ子要素」満載だったローティーン

そんな、おそらく周囲から見れば変わり者だった私は、小学生のときには、いじめの対象にされました。

現在の私を知る人からすると想像できないかもしれませんが、当時の私は、進んで自分を表現したり主張したりすることがない子どもでした。だから周囲から何かをされても、上手に反応できません。

それに小柄だったことも、いじめっ子の本能をくすぐったのかもしれません。

いじめっ子にされるがまま無抵抗……いじめの内容はエスカレートする一方でした

が、何をしていいのかもわからないまま、ひたすら耐える日々でした。

そんな生活は中学校に入学してからも続きました。

相変わらず体格は小柄なほうで、腕力に秀でていたわけでもないので、よくケンカを売られたりしました。

当然ながら相手は「コイツになら勝てる!」と舐めきっているわけです。

そして結果は、いつでも相手の思う通りでした。

そんな状況にあっても、私は小学生時代と変わらず耐え続けました。何か特別な思いがあったからではなく、ほかに方法が思いつかないからです。

このころになると、いじめに耐えるのが癖になってしまったのかもしれません。それでも悔しい思いはありました。そんな私がそっと胸に秘めていたのは、**「いつか全員、呪い殺してやる!」**です(笑)。

呪い殺す手段もよくわかっていないまま、それでも直接的な反撃の方法もわからないので、こんな途方もないことが頭に浮かんだのです。

いつか見返してやる、絶対に負けないぞ。

こんな気持ちだけは強くなっていきましたが、具体的な中身はありません。そのようにして日々を過ごすうちに、恨むという感情を覚えてしまいました。

勉学では「落ちこぼれ界の優等生」！

勉学のほうも、通信簿の大半が1か2とサッパリだった私でしたが、高校へは当然のように進学する気でいました。しかし肝心の学力が不足しています。

そこで中学3年生になると、塾通いをはじめました。

もう時効でしょうから書きますが、この塾通いによって私は〝オトナの世界〟への扉を開けてしまいました。勉強などそっちのけで、酒とタバコにうつつを抜かす生活をしてしまったのです。

そんな状態ですから、受験にしても楽観しすぎていました。こともあろうに、自分の学力では合格できない県立の名門高校を志望校に選択するのです。

もちろん結果は不合格。 それでも進学はしたいので、技術系の専門学校を慌てて受験し、合格したのはいいものの、ここで進路について迷ってしまいました。

いろいろ考えた結果、商業高校も受験することにして、こちらも運よく合格でき、私は高校生になる道を選びます。

しかし、私でも入学できるレベルの高校ですから、ワルのたまり場とでもいうべき場所でした。幸いにして、いじめには遭いませんでしたが、その代わりにワルの道を突き進むことになります。

「非行以上ワル未満」の高校時代

そうして覚えたのがパチンコでした。

高校に入学してほどなく、パチンコ店に通い詰め、しだいにエスカレートして授業をサボって入り浸る日々。

気がつくと、友人に必勝法を授けられるほどの腕前になってしまいました。

そんな調子で懐具合だけは一人前だったので、高校1年生の夏には、地元の石川県を1周するという旅行にもトライしました。

ここから先も時効だと思って書きますが、この夏はいろいろなことがあって、カツアゲの仲間に入らないかと誘ってきた友人に、逆にパチンコと競馬を教えてみんなが自力で稼げるようにしたり、1日だけ調査会社でアルバイトして、こんなに楽に稼げる仕事があるのか、と感心させられたり……。

友人の紹介でアルバイトした鉄工所には、それから高校卒業まで、テスト休みなどがあるたびにお世話になりました。

この高校1年生の夏は、私の原型をつくった時期といってもいいかもしれません。

何より、いじめに耐える生活から解放されて間もない時期です。

私を友人だとして接してくれる仲間がいるという体験も、私にとっては新鮮この上ないことだったのかもしれません。

だから、お誘いの中身がいいことか悪いことかは関係なく、彼らと同じ行動を取ろうとしましたし、認めてもらいたいために、自分からもアプローチしていたのかもしれません。

いじめの季節ふたたび……そしてギターとの出会い

しかし、いいことは長くは続きません。

いろいろと順風満帆だったはずなのに、高校2年生のころに、クラスメイトとのケンカが発端《ほったん》となって、またもや私がいじめを受けるようになったのです。

「稲村とは口をきくな！」

こうして私はクラスで孤立することになり、学校に行くことが嫌でたまらなくなりました。遅刻が増えていき、やがては学校をサボりがちになります。

そんな私の支えとなっていたのがギターです。

親戚からギターを譲り受け、バンド活動を始めました。ギターは、ギターキッズ憧れのモデル「フライングV」です。高校3年生になるとライブ活動に励むようになり、ますます学業とは縁遠い生活を送るようになります。

それでも卒業後の進路は決めなければいけません。音楽にのめり込んでいた私は、親友だったKと一緒に音楽系の専門学校に行くことを決めます。

ところが、東京の専門学校にも合格して意気揚々と文化祭でライブ演奏をした翌日、そのKがバイク事故で亡くなります。

……私は悩み抜きました。

Kがいるから東京での新生活も何とかなると思っていたし、Kが一緒だから音楽系の専門学校に行くと決めたのです。

その精神的に大きな支えが、なくなってしまったのです。

そのため私は一時期、引きこもってしまうことになります。

しかも授業をサボってばかりいた私は、こともあろうに留年の危機に見舞われました。自業自得なのですが、親を呼び出されて教頭との面談までしました。

それでも、どうにか卒業にこぎつけて、せっかく受かったのだからと、合格していた音楽系の専門学校に進むことも決めました。

上京して早々に打ち砕かれた夢

いよいよ東京での新生活です。

しかし、私は早々に挫折を味わいます。

専門学校での授業がハイレベルすぎて、まったく手に負えなかったからです。

「フライングV」を引っ提げてライブ活動に勤しんで、それなりにミュージシャンとしての自信がありましたが、それを無残にも打ち砕かれたのです。

音楽理論はいうに及ばず、テクニックの裏付けとなる知識の吸収において、勉強に通じるようなことをせずに送ってきたバンドマン生活ですから、無理もありません。

よくよく考えれば、当時のミュージシャンとしての私は、演奏スキルにしても独学ですらなく、いわば見よう見まねの域を脱してはいなかったと思います。

それが、音楽を学問として正面から取り組もうというのですから、しょせん無理がありました。

音楽をあきらめてバーテンダーに

やることが見つからない私は、19歳の夏に入ると、東京は中野区にある「ブリック中野店」という店で、バーテンダーとして働き始めました。

しかし石川県から上京して数ヵ月。いまだに方言丸出しだった私は、よく先輩バーテンダーから叱られました。方言がダメというのではなく、バーという雰囲気も併せて売る飲食店に、やはり方言がそぐわないからでした。

その店の店長は、職人気質で、とても厳しくもあたたかい人でした。

そんななかで私を叱り飛ばす先輩バーテンダーには、よく飲みに連れて行ってもらいました。そうして働き続けた甲斐もあって、翌春にはチーフバーテンダーに任命されました。

しかし、私も店の気風にドップリと浸かっていたため、チーフとして自分より下の人間と接するときには、職人気質ともいえる態度をしてしまい、私の下についた人間も長続きしませんでした。

長くいじめを受け続けていたからか、私は他人とのコミュニケーションを取るという点で、著しく劣った人間だったのかもしれません。

思い返せば、それまでの人生で比較的コミュニケーションがうまくいっていたのは、高校1年生の一時期だけです。

それらが原因となっていたかはわかりませんが、チーフバーテンダーに任命されてから約1年で、私はその店を辞めたのです。

アルコール漬けの、未来が見えない毎日

将来の展望が見えず、現実逃避のような辞め方だったので、ほとんど自暴自棄になっていました。

そして私はアルコールに頼るようになります。

最初のうちは、何か新しい目標を見つけようと考えてはいましたが、それでも、すぐに状況が改善されるわけではありません。何より、家にいるだけで何もしていないのですから、いまから考えれば当然のことです。

こうして一日中、家に引きこもって、ひとりで飲み明かす毎日が続きました。

そして、**ついにはアルコール依存症になりました。**

そんな生活をしているのですから、たちまち生活費にも事欠くようになり、家賃を滞納してしまいました。

さらに悪いことは重なるもので、自室でボヤ騒ぎまで起こしてしまいます。

こうしてアパートを追い出される羽目になったのです。

そして20歳にしてホームレスに

20歳を迎えて早々、私はホームレスとなりました。

働く気も起きないし、生きていることすら面倒になっていました。

いまから考えれば、何かが自分の前に立ちはだかれば、それを無難にやり過ごすなどして、ろくに頭を使わない前半生《ぜんはんせい》だったと思います。

学業だけではなく、人生においても頭を使っていなかったということです。

だから失敗しても、その場をやり過ごすだけで、人生に活かす反省を十分にできていなかったと思いますし、困難があれば、それが過ぎ去るのを待つという、受け身体質になっていたと思います。

その結果、20歳にして人生に何の希望も見出せなくなり、状況に流されるままにホームレスになったわけです。

ホームレス生活の拠点は新宿中央公園です。

当時の私は、ホームレスとして真面目にコツコツ生活していこうと、前向きなのかどうなのかよくわからない人生設計をしていました。

そして数日もすると、ホームレスにもいろいろな人がいるということに気づきます。

それが面白く感じて、私は、周囲にいるホームレスたちの人間観察をするようになりました。

そんなときに出会ったのが、私のメンターだったのです——。

Chapter 1

「失敗」とは「チャンス」のことである

「生き抜く力」は新宿中央公園で学んだ

ホームレス初心者は何が大変か

第0章で私の半生を振り返りました。

本編の最初といえる第1章では、ホームレスになってからの私がどのような人生を歩んでいたのかを記していきます。

なぜ、こんなにも過去を振り返るかというと、この時期の私の経験には、「失敗がお金に変わる」ことのヒントがたくさん詰まっていたからです。

ここまで読んでいただいたらわかるように、ホームレスになるまでの私は、起業や投資、実業といった言葉とは無縁の存在でした。

私自身が、そういった言葉に示される世界を、まるで知りませんでした。

そう、あの人と出会うまでは——。

前著『お金を稼ぐ人は何を学んでいるのか?』(小社刊)でも触れた、ホームレス仲間のひとり、私にとってメンターとなった人です。

この方はある会社の元社長で、自社が倒産してしまい、行く当てもなくホームレスになったおじさんです。

最初はそんな前歴も知りませんし、単なる年配の先輩ホームレスでしかありませんでした。

さて、ホームレスになり公園生活がはじまった私ですが、すぐに困ったのは食べ物です。自炊するにしても外食するにしても、食べるにはお金がかかります。

その元手がないからホームレスになったわけですが、家は失うことができても食欲は消え去りません。

しかしお金はない。そこで普通に(本当は〝普通〟ではありませんが)、残飯あさりをはじめました。当然のように腹を下します。

ずっと下痢や嘔吐に悩まされても、それを治す薬も買えなければ、医者にかかることもできません。

数日そうして苦しんで、治ればお腹がまた減ります。

前回とは違うものを……などと自分なりに用心しながら、また残飯をあさります。

そしてまた、当然のようにお腹を壊します。

そんなことを数回繰り返せば、さすがの私も考えるようになりました。

「ほかの人は、どうやって食べ物にありついているのだろう?」

なぜ、あのおじさんは食べ物で困らないのか?

ここで必須だったのが人間観察です。

できれば自分が食べたいものを、自分が食べたいときに見つけたい……。

そう思って周囲を見回していると、ひとりのおじさんが、きれいなスーツを着て、食に困っている素振《そぶ》りを見せていないことに気づきました。

そのおじさんの後をついていくと、とある飲食店に向かっていました。

そこで見た光景は衝撃的でした。

その飲食店から、おじさんのために御膳《ごぜん》が振る舞われているのです！

もちろん、正規メニューではなかったでしょうし、残り物を並べただけだったかもしれませんが、ゴミ箱をあさることなく、（当時の私から見れば）立派な食事が、飲食店からきちんと提供されているのです。

さらに、食べ終わると、おじさんは店主らしき人と話を始め、封筒に入った現金をもらっているではありませんか。中には1万～3万円の報酬が入っていたそうです。

そして会話が終わると、拠点の公園に戻ってきます。

私には不思議でなりません。その過程のすべてが、です。自分の目で見た光景の謎を解き明かすこと。そればかりが気になるようになっていきます。

そしてもうひとつ、こちらのほうが重要でしたが、

「このおじさんとつるんでいれば、食いっぱぐれはなくなる！」

という思いも強くなっていきました。

これが、私にとってのメンターとの出会いでした。

こうして謎の解明と食の安定確保という、ふたつの大きな課題ができました。

ホームレスであるという〝強み〟をビジネスに

さっそく私は、おじさんに話しかけました。

そこで私は、おじさんが元経営者であることを明かされるのです。

会社は倒産させてしまったけれど、経営者時代に培った知識やスキルまでは死んでいない。それを活用して、**先に出てきた飲食店のコンサルタントのような立場でアドバイスをして、見返りとして食事や生活の足しに1万〜3万円の報酬を受け取っている……**ということでした。

ホームレスというと、私のように自暴自棄になったり人生の行き場を失ったりしてたどり着くのだと思い込んでいましたし、周囲にいるホームレスは全員がそうだとばかり思っていた私には、まさしく「目からウロコ」の話でした。

おじさんという人間そのものに興味が湧いた私は、それからは、常におじさんの隣にいて、いろいろな話を聞くようになりました。

そうして数日も経つと、おじさんの話は経営者としての経験談が増え、社会の仕組みや経済の流れといった、座学の社会勉強といった感じにシフトしていきました。

そしてついに、私はおじさんから「ホームレス引退」を促されることになります。

学んだ知識を、実地でどう活かすか

「自分の年齢では再チャレンジも難しいし、実際に再チャレンジしようという意欲も起きないが、君はまだ若いんだ。これからやり直すことだってできるじゃないか！」

こんな調子で、おじさんは盛んに「引退勧告」してくるのです。

彼が私にとってのメンターだと書きましたが、このおじさんこそ私をホームレスから脱皮させてくれた張本人であり、経営という世界を教えてくれて、起業家となる精神的な土台をつくってくれた人物なのです。

どこかのタイミングで私に引退を勧告しようと思っていたからこそ、自分が持っている知識や経験を、惜し気もなく教えてくれたのだと思います。

ホームレスになるというと、多くの場合は人生の逆境・ピンチといったイメージに直結しますが、私の場合はその逆でした。それまでとはまったく異なる、自分でも想像できなかった人生を切り開くためのステップになったのです。

「人というのは生き方によって、人生が大きく変わるものだ」

これは当時の私が感じたのではなく、いまになって私が実感していることですが、**「何を知っているかも大切だが、それ以上に、知識を活かして行動できるかどうかが重要」**という、起業や投資をしていくのに欠かせないポイントを、このメンターによって教えられたのです。

チャンスの種は、すでに持っている

短所は必ず長所になる

失敗や挫折の中で生きていたといってもいい私の半生ですが、それでも、「失敗がチャンスに変わる」という経験がホームレス引退前になかったわけではありません。ただ私自身が、「失敗は失敗」として、話を終わらせていただけです。

そこで、いまとなれば人生を振り返ってみてわかる、私の人生に起きていた「失敗はチャンス」の実例を挙げてみたいと思います。

第0章の冒頭で挙げた「テレビ解体事件」。

当時の私は母親に大目玉を食らいましたが、じつは、この行動力を幼い時分から持っていた事実に、あとになって私は驚かされました。

「何をしてもダメな自分」というのが当時の私の自己評価でしたが、認めてあげるべき長所もあったのです。

世の中の出来事は何でも裏と表がありますが、表から見れば、「大目玉を食らう大失敗」であっても、裏返せば、**「知りたいという欲求に忠実で、行動力がある」**という、親から褒めてもらえそうなポイントにもなり得るのです。

そうした視点で自分の人生を振り返ると、私は意外と「失敗をチャンス」に変えてきていたな、と思います。

たとえば、バーテンダー時代にはお叱りの対象だった丸出しの方言。これも、やがては自分を助けてくれることになります。

話すのが苦手なら聴けばいい。方言さえも、武器になる

ホームレスを引退後、私は肉体労働系の就職情報誌を片手に、就職活動をすること

にしました。

その結果、とある建設関係の会社に就職することができました。営業を担当したのですが、それまで営業の経験などありませんから、行き当たりばったりです。

しかも、その会社には営業マンがいないという状況でもありました。

だから誰にも教わることができないし、自分しか営業マンがいないから、とにかく自己流で営業するしかなく、1日100件の飛び込み営業をしていました。

そんな私ですから、行く先々でお客様から怒られる毎日です。

しかし、ダメすぎたことで相手の同情心を買ったのか、お客様の中には説教ついでに営業のハウツーを教えてくれる方も現れます。

また別のお客様とは、方言丸出しの私の話し方が縁をつないでくれました。

私の態度などが面白かったらしく、それが新鮮に思われて仕事につながるという経験をさせてもらえたのです。

ダメな営業っぷりも、丸出しのまま矯正《きょうせい》できない方言も、当時の私としては「失敗」でしかありませんが、それが「チャンス」に変わるという経験を、自分が気づかない

ところでできていたのです。

また、方言丸出しのダメ営業マンは、このときに貴重な人生訓も無意識のうちに得ていました。それは、**「聴く耳を持つこと」**です。

もともと自己評価が低く、自分にダメのレッテルを貼っていられるような人間でしたから、間違いやミスを指摘されると素直に耳を傾けるという資質には、恵まれていたようです。

それが営業マン時代には、「怒られながら教わる」という習慣として表れます。

「ダメでもともと、失敗しても次にトライしよう」

そういう考え方が明確に育まれたのは、この営業マン時代でした。

成功に安住すると、不穏な〝火種〟を見逃す

この会社への就職から約1年後、オーナーから会社を任せられるようになり、経営者の道へと足を踏み入れることになりました。

東京は新宿からほど近い、中央線沿線のオンボロマンションの一室。

そこが、私がはじめて手にした「我が城」でした。

最初は有限会社として登録しましたが、創業1年後には株式会社へと改組しました。

これが21歳の夏です。

翌年には新宿にしっかりとしたオフィスを構えられるほどに成長し、従業員100名、首都圏に4支店を展開する企業になりました。

そうなると資金繰りも安定してきました。

ベンチャー企業から融資の申し入れがあるなどして、2億円の元手をヒト・モノにふんだんに注ぎ込むことで、株式市場上場を目指すことになりました。

ちなみに、そのころ私は、銀行主催のセミナーで300人を前に、23歳にして人生初のスピーチを体験することになりました。

もちろん当時の私は緊張でガクガクとヒザを震わせていました。

記憶が定かではないのですが、終わったときには「何とか乗り切った」という気持ちしかなかったと思います。その証拠に、何をスピーチしたのか、内容を詳しく覚えていません。

このようなかたちで、個人としてもスキルを上げていきつつ、会社の成長も順調でした。この直後、会社は売上10億円規模にまで拡大し、いよいよ上場が現実味を帯びてきたのです。

ところが、この当時からすでに、波乱の火種は生まれていたようです。

私が23歳になっていた1994年の12月。

以前から会社が2つの派閥に分かれて対立していたのですが、その対立がさらに深まり、ついに真っ二つに分裂してしまいます。

原因はオーナーによる強権支配です。

売上が急拡大すると同時に、社内のパワーゲームも熾烈《しれつ》を極めていたのです。

そこでオーナーに反発するグループは、オーナーを追放することで会社の健全化を図ろうとします。

このクーデターは社員総会で決行されました。

まずオーナーに対する退任要求が提示されました。

数ヶ月間モメた末に、私とオーナーが会社をやめて、新会社を設立することになりました。

そうして1996年9月に、新会社が創業されました。

25歳になっていた私が、代表取締役社長になったのです。

繰り返される試練は、どうすれば乗り越えられるのか?

25歳の新米社長を襲った試練

社長としての初仕事は、会社の運転資金を確保することでした。具体的には**銀行に対して1億円の融資を申し込む**ことでした。同時期に接待が目的で、人生初の海外渡航も経験しています。行き先はハワイでした。

接待の相手が会社の顧問だったのは、いま思えば不思議な話ではありますが、とにかく会社の資金繰りをクリアして事業を軌道に乗せて、一刻も早く成長させたい一心でしたから、当時は深く考えることもなかったと思います。

ところが、この会社も立ち上げから3ヵ月ほどで暗雲が漂うことになります。

というのも、オーナーのパワーゲームが原因で新たに興した会社なのに、あろうことか、ここでも同じことが繰り返されるようになったからです。

会社のオーナーも、時間とともにワンマン体制が加速し、すでに年末にはパワハラがはじまっていました。５人の役員が名を連ねていましたが、それぞれ対立するという状態です。

翌年の３月には、創業から数ヶ月で売上４億円を記録するなど、数字の上では順風満帆だったのですが、このころには会社崩壊の序曲が鳴り響いていたのです。

そうこうしているうちに、オーナーとの確執が原因で、創業メンバーでもある役員２人が会社を去りました。

社長が左遷《させん》させられるなんて！

それから４ヵ月後には、社長である私もオーナーに左遷させられてしまいました。

左遷先で新しい支店を展開するなど実績も挙げましたが、オーナーとの人間関係は悪化する一方でした。

オーナーが従業員に対して、朝から晩まで怒鳴り散らすことの繰り返しです。そしてアメとムチではありませんが、従業員を毎晩のように飲みに連れていきました。自分のストレス発散も兼ねていたのかもしれませんが、いまから考えると、とんでもない散財をしていたとも思います。

それは数字でも示されていて、先に創業数ヶ月で売上4億円と書きましたが、このときの決算は赤字だったのです。

経費が膨大な金額になっていたからです。そこには、私の飲み代も含まれていました。左遷されて以降は私も飲み歩く毎日となって、出費が増えているのですから、経理状況はいいはずがありません。

そんな状態の中で、オーナーに意見する人間が次々と辞めていきました。

このころになると、ますますオーナーのワンマンぶりに拍車がかかります。

現場をよく監督していた功労者の首を切ってしまったのは、そのいい例です。

それでも表面的には順調に、会社の業績が上がっていました。創業から2年6ヵ月で迎えた**3度目の決算では、20億円の売上**を達成しているからです。

正面突破が厳しければ、新しい手を打っておけ

しかし、私はオーナーに問題があるので、会社の成長は続かないと思っていました。

そんなときに世の中を騒がせたのが「2000年問題」です。知らない人のために説明をすると、「2000年問題」とは、西暦2000年になると世界中のコンピュータが誤作動する可能性があるとされた問題です。

すでにパソコンも普及し、ますますインターネットが身近なものになっていた当時。私はブームに乗せられた側面もありますが、「このタイミングは、何かがある」と感じ、

ＩＴ関連のシステムを大きく強化しました。これがのちに劇的な業務効率化と経費削減につながり、恩恵を受けました。

これは、会社の行く末が心配だから、何か手を打っておかないといけない、という思いからでした。

そして創業から丸４年が経ちました。

オーナーは相変わらず会社で怒鳴り散らしては、飲み歩く生活です。

そんなときに役員の最後のひとりが会社を去りました。

資金繰りに困って〝禁断の果実〟に手を伸ばす

このころになると、いよいよ会社の売上は下がる一方で、29歳になったばかりの私は、左遷先から本社に呼び戻されました。

本社に戻って3ヵ月後の2000年末には、固定費がかさんで利益を圧迫しているという理由から、4支店を閉めます。

しかし資金不足は解消されません。

会社の状態を見た銀行は貸し渋りをします。

そこで当面の資金をつくるべく、金利が高いのを承知で、いわゆる「街金」「闇金」に手を出します。

これが最後の引き金だったかもしれません。

年が明けるとオーナーも同じように街金を頼るようになりました。勝手に会社名義で借金をするのです。

それも通称「トイチ」（10日に1割）といわれる法外な金利で、です。

もはや会社は倒産寸前です。オーナーのワンマンぶりはますます過熱し、手が付けられないほどになってしまいました。

そうするうちに、オーナーはどう見てもチンピラとしか思えない人たちと、つるみはじめてしまう始末です。

会社を再生させることは無理だと考えた私は、次期社長と目される人物に、会社の清算を検討しないかと提案しました。

そんなこんなで、激動の日々の中、私のメンタルも若干弱くなっていました。

そして、会社の清算を相談をしている最中に飛び込んできた世界的ビッグニュースが、アメリカの同時多発テロ事件、俗にいう「9・11事件」です。

9・11で自分の人生観がガラリと変わった

その報道をテレビで見ていた、30歳を迎えていた私は、「人生をやり直そう」と考えるようになります。

環境すべてを一度リセットしようと思ったのです。

社長という立場も、責任を取るかたちで退任しようと考えました。

それからは会社に籍を置きながら、人生をやり直すための準備期間としました。会社に残ろうという気持ちもなくなり、人生をリセットするという新しい目標ができたので、私は自然と開き直ることもできていました。

人生で初めて「キレた」のも、このときです。

しつこく返済を迫ってくる借金の取り立て人に対して、

「お金がないから待ってほしい！　お金がないから待ってほしい！」

と、大声で連呼したのです。

その後も取り立て人との追いかけっこは続き、翌年の5月には債権者に現状を説明するための集会を開くことになりました。

そこで聞かされるのは「金返せ！」の怒号と罵声ばかりです。

普通に考えれば針の筵《むしろ》ですが、完全に開き直っている私は、通り一遍の説明をして平謝りを繰り返し、その場をしのぐことにしました。

現状を突破するための逃避行

一方で重大な難問もありました。

会社名義で借金するのに、私個人が連帯保証人になっていたのです。

どちらかというと債権者集会よりも、こちらのほうが個人的には深刻です。

妙案が思い浮かぶはずもない私は、全国の金融会社を回り、直談判をして私が連帯保証人となっている借金の契約書を回収しました。

同時に家も引っ越しました。ひと言でいえば夜逃げしたのです。

現住所が取り立て人に知られてはまずいので、現住所と異なる住所に住民票を移し、郵便物は局留めで受け取るという手配もしました。

これら以外にも、かなり際どいことを、このころには経験しています。

防弾チョッキを着こんで外出し、腰には警棒をぶら下げ、かばんには鉄板を入れて持ち歩く……という毎日を送ったこともあります。

それでも背に腹は替えられないし、差し迫った命の危機を前に、なりふり構ってなどいられませんでした。

そして、自分に掛けている生命保険の掛け金を増額しました。

ナイアガラの滝に飛び込んで、死んでしまおう

このころ、強烈な人生へのメッセージを送ってくれた「9・11」の象徴ともいえる「グラウンド・ゼロ」に行こうと考えていました。

これは人生の新たなスタートを勇気づけてもらうためというより、見ておきたい風景を目に焼き付けて、自分の人生の幕引きをしようと考えていたからです。

つまり、保険金増額は自殺のための1歩でした。

ニューヨークからナイアガラの滝に向かい、そこで投身自殺を計画していたのですが、「自殺したい」といってアドバイスをしてくれる人がいるはずもありません。

「滝つぼに落ちてみたい」と聞いたら、「飛び込めるところまで行くのには、樽かイカダが必要だ」と返され、手段を失った私は自殺を思いとどまって帰国します。

そして会社を整理する、つまり倒産させるために行動を開始します。

自殺をあきらめて会社や個人を整理……残されたのは莫大な借金

最初に弁護士を見つけなければなりませんが、そのために弁護士事務所を10カ所以上も回りました。

その中でもっとも親身になって対応してくれた弁護士に今後のことを依頼すること

にして、会社を倒産させてすべてを清算するロードマップが描かれました。

ここで重要な問題が取り残されました。

私の個人名義となっている借金の返済です。

これぱかりは、私に返済責任が残されたままになったのです。

ようやく会社は整理できたけど、自分の手元には数億円の借金……。

これが31歳の誕生日を目前に控えた私の現実でした。

ここが起業家や投資家としての出発点でもありましたが、当時の私は現在の自分を想像することなどできませんでした。

「いままでよりマシな人生」

考えていたとしたら、そのくらいのレベルです。

ところが、当時はまるで思いもよらなかったことですが、失敗や挫折を繰り返したここまでの人生が、31歳以降の私を大きく助けてくれることになるのです。

とはいえ、31歳以降の私が失敗や挫折と無縁になったかといえば、そんなことはありません。

相変わらずトライアンドエラーを繰り返し、猪突猛進と思われるようなアクションに走ることもありました。

明確な違いがあるとしたら、

「失敗に教訓を見出す」

という前向きな反省の方法を覚えていたことです。

だからエラーがあっても次のトライに精神的な負担はありませんし、自分が考えたことを、とりあえずアクションに移す、ということができるようになりました。

そのためには、ホームレスのメンターに続く、新たな出会いが必要でした。

しかし、そのときが訪れるまで、ここから1年以上も待つことになります。

借金を返済して生まれた
〝学び〟への欲求

1冊の本が、人生を変える

さて、借金にまみれているものの、会社を清算して晴れて自由になりました。

これまでのキャリアが示すように、このあとはまともな就職の道は、ほぼ閉ざされていたといっていいでしょう。

すでに不況が当たり前の世の中になっていましたから、私のような、つぶしが効く資格も特技も持たない人間は、面接してもらえるかすら怪しかったと思います。

それ以前に私の頭の中には、**再出発といっても「会社を立ち上げる」以外の考えがありませんでした。**

前の会社を倒産させて5ヵ月後、私は建築業と人材教育業の新しい会社を創業しました。いろいろと未整理になったままの事案も抱えていたので、協力してもらう人の名前を借りながらの起業です。

そして32歳になった夏。

運命の出会いが、いよいよ訪れます。

その日、私は古本屋に立ち寄っていました。明確な目的はありません。本当にフラッと立ち寄っただけです。

そこでなぜか私の目に飛び込んできたのが、アメリカのベストセラー作家ロバート・アレンが書いた『ロバート・アレンの実践！ 億万長者入門』（フォレスト出版）だったのです。

当時の私は生活費にも事欠くような有様だったので、その本を夢中で立ち読みしました。それでも心が満たされず、結局は衝動買いしてしまいました。

この本が数年後には、私の人生を大きく変えたのです。

数億円の借金を5年で完済する

しかし、当時の私は今日を生きることで精一杯でした。借金問題の余波でブラックリストに載ってしまい、資金繰りが思うようにいった例がありません。

それで自己破産しようとなったのですが、それにも費用がかかります。

弁護士も取りっぱぐれを防止するためか、手続きにかかる諸費用の一括払いを要求してきました。これも相手の立場からすれば仕方ないことです。

ここからは、本当に怒涛のように働きました。まともに寝た記憶もないほどです。

やがて2007年10月になって、私は自分名義の借金全額を、ようやく返済し終えました。

働き詰めに働き、最低限の生活費以外は全額を返済に充てるというストイックで捻りも何もない方法です。

一方で哀しい出来事にも遭遇します。

借金返済を完了した翌月、ゆくゆくは自分の右腕になってほしいと見込んでいた部下が、作業現場での転落事故で命を落とすのです。

人材を失った悲しみもそうですが、現実は酷です。

もうひとつの避けて通れない問題が持ち上がるのです。

それは、この部下の遺族に対する補償問題でした。

こんな事態を想定しておらず、十分な準備をしてこなかったこともあり、この出費は会社を倒産の危機にまで追い詰めました。

経営者としては、まさしく二重の苦しみでしたが、結果的に死ぬ思いで金策に走ったことで、なんとか乗り切ることができました。

このあたりから、私は考え方が大きく変わりました。

「いままでの自分、いままでのやり方ではいけない」という思いから、私は漠然と「学び」「自己投資」に対して興味を持つようになったのです。

そして迎えた2008年5月。36歳の私は本格的に、自己投資の世界へと足を踏み入れたのです。

それから10年。いまも学びを継続している私は、そのための自己投資として2億円以上の金額を費やしてきました。

それでも確実にリターンがあると実感しています。

その手応えが確実にあるから、学びを止められないのかもしれません。

そして私が学びと向き合ったのは、繰り返しになりますが、数多くの「失敗」という、一般的にはマイナスとされる経験を豊富に積んでいたからです。

それらのマイナスが、学びによってプラスに変わる。

「失敗がチャンスに変わる」ということを体感し続けているからこそ、学びの重要性が身に染みてわかるのだと思います。

次章では、私の体験を実例として用いて、「失敗がお金に変わる」ことを説明しようと思います。

☑失敗した人間をよく観察する

☑自分の〝弱み〟は、意外とビジネスになると知る

☑知識を実地にどう活かせるかを考える

☑表から見れば、「失敗」であっても、裏返せば「成功」になることは多い

☑成功に安住すると、不穏な〝火種〟を見逃す

☑次の一手を打っておく

☑思い切り開き直るのもアリ

☑トライアンドエラーを繰り返す

☑失敗を自己投資と考える

Chapter 2

なぜ、失敗がお金に変わるのか？

答えを知り、再チャレンジを
することができる

「失敗」で終わらせるか否か

前章までで、私が失敗を克服し、学びの世界に入るまでを見てきました。

率直に感想を求められたら、

「失敗と挫折の話しか出てこないじゃないか！」

と多くの読者は思うでしょう。

学びの世界に足を踏み入れる前の私にとって、紹介してきたような自分の身に起きた出来事は、すべてが単なる「失敗」でしかありませんでした。

だから何の後付けもなく私の人生を紹介するとしたら、みなさまが感じたように、「失敗と挫折しか出てこないストーリー」になってしまいます。

ではなぜ、そんな自分の失敗談や挫折の経験を細かく書いてきたと思いますか？

それは、学びによって「失敗」は「チャンス」に変えることができ、「挫折」は「成功」への糧とできることを、私の体験を実例として説明したいと思ったからです。

ここまで読み進んでいただいた読者は、そこに書かれてきた私の「失敗」から、何かを読み取ることができたでしょうか。

何かを感じ取ることができたでしょうか。

自分だったら……という対案を何か考えたでしょうか。

そういう感情に強く動かされなかった当時の私にとっても、私の体験は単なる「失敗」でしかありませんでした。

現在は違います。

たとえば中学卒業時の、高望みしすぎていた高校受験。

現在の私にリトライすることが許されるなら、不合格だった志望校に絶対合格するとまでは断言できませんが、少なくとも合格率を高めることができます。

それは不合格という失敗を経験しているからで、その反省に基づいて学力が不足している教科を集中的に勉強し直すという選択肢も取れますし、そもそも合格のために必要なスキルや最低限覚えておきたい事柄だけに絞って勉強することもできます。

逆に自分でもギリギリで合格できそうな高校を選ぶという方法もありますし、いずれにしても同じ失敗は繰り返しません。

一方で、不合格という現実の中に私の長所が隠されていたことも、いまの私にはハッキリと認識できます。

無理だろうと最初からあきらめず、とにかく挑戦してみるという「勇気」と「行動力」です。これが長所だということは、学びを通じて気づかされたことで、当時は長所であるなどとは夢にも思っていませんでした。

「チャンスは一度きり」のほうが例外だ

そして、いまの私だからいえることがあります。

高校受験は、たったの一度しかチャンスがありませんが、このように「一度しかないチャンス」というのは、じつは人生の中ではほとんどありません。

というより、例外中の例外といってもよく、**多くの事柄がリトライ可能で、しかもほとんどの事柄は何度でも挑戦ができるものです。**

私の人生でいえば、会社の創業がそうでしょう。

社長を務めた会社が倒産という憂き目にも遭いましたが、私はそれ以上に会社を興してきました。

多くの場合、会社を倒産させてしまった社長は、自分の身の上を恨んだりしながら、なかなか「もう一度、会社を興そう！」という気持ちにはなれないようです。

あきらめたらそれで終わりというのは、言葉にすると簡単です。しかし実際に困難にぶつかって、それを乗り越えるために必要な精神力は、半端ではありません。私だって自殺を考えたのは一度や二度ではないのですから。

私は幸いにも「トライアンドエラー」「ダメでもともと」といったポジティブな考えを持ち合わせていました。

だから、何度失敗や挫折をしても立ち直れたのではないか？ というふうに、特殊ケースとして私を見る読者もいると思いますが、それは少し違います。

ポジティブシンキングが先天的に備わっていたのなら、それと真っ向から対立するような「自殺」を、私が考える場面などあり得なかったからです。

繰り返しになりますが、私は、自分が持って生まれたといえる行動力という資質を、学びによって自分の長所だと気づかされたのです。

それを知ってみれば、自分の人生の意味も大きく変わって見えるようになりました。

具体的にいえば、

「短所が呼び込んだ取り返しがつかない失敗」

と思い込んでいたことが、

「長所を発揮したがゆえの仕方ない（次につながる）失敗」

というように、評価がガラリと変わったのです。

学びによって「失敗」を「チャンス」に昇華せよ

学びに触れていなかった時代は、失敗を次に活かすという発想も希薄で、何かの改善点を見つけ出そうなどといった考えに、ほとんどシフトすることがなかったようにも思います。

ところが、学びを経た現在、私は自分の過去の失敗や挫折も、次なるステップへの糧と変えることができます。

先に記したように、自分が体験した失敗に対する視点を、ネガティブで自己否定的な「失敗」から、ポジティブで自己肯定的な「成功のための失敗」にシフトチェンジできるようになったからです。

だから「失敗」を恐れなくなりましたし、「挫折」すら楽しめる心の余裕もつくられてきています。

ビジネスなどで無理難題と思われるハードルにぶつかっても、「いやあ、大変だ」といいながら笑っていられるようになったのです。

かつてのように、イライラしたり、周囲を急かしたり、怒鳴り散らすこともなくなりました。

これらは突き詰めていけば、「失敗がお金に変わる」ことにほかなりません。

私が前半生を糧に、32歳からしてきた体験の多くは、そのまま、「失敗をお金に変えること」だった、ともいえます。

「失敗」を経なければ、基本と本質は見えない

どうすれば、物事の本質が見えるのか

それでは実際に私が「失敗」から何を学び取り、次にどう活かしたのかを見ていこうと思います。

私が社長として創業した最初の会社。

私自身が経理に疎く、それ以前に数学の成績もよくなかったため、帳簿の類を見てもチンプンカンプンというような社長でした。

だから月次報告どころか日々の経理状況すら、何も把握できていません。

こうなると、事業計画もまるっきり思い込みや見込みなどだけで立ててしまうことになるし、事業がどういう結果を生むのかという予測もできません。

本当に行き当たりばったりで、「うまくいけばＯＫ」というような状態です。

幸いにして表面上は売上20億円という数字を叩き出すほどでしたが、内実は惨憺《さんたん》たるものだったのは、すでに書いたとおりです。

しかし当時の私は当初、表面の数字だけで「順調」だと思い込んでいました。

ところが自分が考えているほど、会社の状態がよくないらしい……。

そう気づいても、どこをどう調べて、どのようにメスを入れればいいのかわかりません。

そんな経験があったから私は、再出発後になると、経理という経営の本質ともいうべき要素の重要性を、日に日に実感していたのです。

最初は「自分でどうにかしなければ」という思いばかりが先走っていました。

しかし、学びによって、社長だからといって会社に関係するすべてのことを把握して指示したり、自ら行動する必要がないことを知りました。

これを踏まえて、私は以後、経営陣に経理のスペシャリストを招く、という方針を打ち立てることができたのです。

本質が見えれば、改善策も見える

財務状況を正確に把握できて、それについて的確なアドバイスをしてくれるプロ。その存在は、会社を成功させるのに欠かせません。

そのスペシャリストに会社のドクター役を担ってもらい、日、週、月といった区切りごとに会社の状態を診断してもらう。

その結果報告を受ければ、私が経理に詳しくならなくても事足ります。

ところが財務を知らない私のような社長が、お金の面でも陣頭指揮を執ると、売上という見た目にわかりやすい数字だけを追い求めて、本当に会社が維持できる体力づくりにまで気が回らなくなりがちです。

そのことに当時の私は理論的にたどり着くことができませんでしたが、学びによって自分自身を納得させられる理論とできたのです。

そして売上額などと同様、会社の実態にそぐわない大きなオフィスを借りるような出費も、それが無駄なことだと理解できるようになりました。

これは見栄を張って支店をいくつもつくって、そのランニングコストで自分たちの首を絞めてしまった苦い失敗からの教訓です。

身の丈に合っていないから、いずれボロが出ることは確実だったのですが、本質より上辺ばかりを気にしていたら、そんなことにすら、正面から目を向けることができません。

「ネガティブスパイラル」を一度は経験せよ

資金繰りに窮してきて、その場をしのぐために〝アブナイ方面〟から借金をしたことは前述しましたが、あの経験からは「ネガティブな発想からはネガティブな行動しか生まれない」という法則を、身をもって教えられました。

当時の私は、どうにかして借金させてくれるところはないものかという思いが先行して、気づけばそういった金融広告ばかりを探すようになっていました。

頼れるのはその方面しかないと思い込んでいましたし、もはや選択肢はひとつしかないという錯覚にすら、捉われていました。

こうして借金漬け一直線となるわけですが、お金がないとなるとすぐ借りに行くという悪しき習慣まで身につけてしまいました。その結果、首が回らないどころの話ではなく、自分の命をどうするかという状況にまで追い込まれたのです。

世界三大投資家のひとり、ウォーレン・バフェットは、習慣について、

「習慣という名の鎖は、抜け出せないほど重くなるまで、軽すぎて存在を感じ取ることができない」

と語っていますが、抜け出せなくなるほどドップリ借金地獄にはまっていた当時の私は、見事にネガティブな方向でバフェットの指摘通りになってしまっていたということです。

バフェットはネガティブ発想が習慣化すると、無意識のうちにすべての発想がネガティブ方向にシフトすることを警告していましたが、丸っきり当時の私のことです。

さらに、そうして社長自ら金策のためとはいえ、普通ではないルートで借金をしまくっているという話が会社中に広まれば、従業員たちは、泥舟から降りることを選択するに決まっています。

私の会社もそうでした。

何らかの理由をつけては辞表を提出する人間が、どんどん増えたのです。

これらのことから私が学んだのは、「最低限の資金で会社を回せる仕組みを考える」ことの重要性と、「人は雲行きが怪しくなると簡単に去っていく」という人間心理の本質です。

そして、**「部下や従業員に、この会社にいたら危険などという恐怖を感じさせては**

いけない」ということでした。

また、この会社は、その前に在籍していた会社に対抗する目的で設立された側面もありました。オーナーのパワハラが原因で起きた騒動の影響を受けた人たちが集まっていたから当然です。

現在の私からすれば、これほどおかしな創業もありません。というより、読者のみなさんも笑ってしまうことでしょう。ビジネスや会社設立の目的が「復讐」なのですから。真っ当に経営されている会社なら、そんな事業計画が立てられるはずもありません。

理論的に納得しやすくなる「学びフィルター」

私が、学びを通じてビジネスコンサルタントの権威であるブライアン・トレーシーが提唱している理論に触れたとき、「まさしく、当時の私の会社のことではないか！」と瞬時に感覚的に理解できた内容があります。

それは、ブライアンが掲げる「目標を立てられない人の特徴」です。

① 目標を軽んじている
② 目標の設定方法がわからない
③ 目標が達成できず失敗することを恐れている
④ 目標を否定されたり笑われたりすることを恐れている

以上の4つなのですが、このうち①と②は、そのまま当時の会社の状況を指しています。また、売上（数字）至上主義に陥っていた私という社長の経営方針も、③と④に該当していたといえるでしょう。

ブライアンが示した4つの特徴とは、「成功できない人」の共通点です。

つまり、創業前から本当は創業してはいけない会社、失敗が目に見えている会社だったのです。学びを、行動を選択するための「フィルター」として活用することを知らず、突っ走ってしまった結果といえるでしょう。

「学びフィルター」を通せば、別の視点が開かれる

経営計画は、その根拠が憶測だらけ。

財務を正しく監督できる人間もいない。

だから、そんな会社になったのも当然なのです。

この失敗がなければ、ビジネスを立ち上げるときの基本的な心構えというものを、現在の私はもっと軽んじていたかもしれません。

「なぜ、それをするのか?」

「何のために、それをするのか?」

この自問自答はビジネスを展開するうえで重要です。

経営の神様と讃えられるピーター・ドラッカーはこういっています。


「あなたは、何をもって憶えられたいのか？」


つまり、ビジョン・使命を明確にするということです。

その重要性を、失敗が教えてくれたと私は思っています。


それから、例のオーナーが反面教師となって教えてくれたこともあります。

それは、**「人を粗末に扱えば、そのしっぺ返しは必ず訪れる」**ということです。

オーナーが会社を支えてくれるはずの人材を切ったことで、さらにそういった資質に恵まれた別の人材に逃げられる結果を招きました。

結局、行き着いたのは、創業から数年での倒産です。

そうした悪しき先例を真似たくないからこそ、私は学びを「フィルター」代わりとして自分の体験を改めて見つめ直し、よりよい選択肢がないものかと考えます。

その意味で私は、私自身の体験をビジネスや人生のヒント集として活用しているともいえます。

そして、自分をヒントにするという考え方は、私ではなくても、起業や投資をしていなくても、誰もができることだと信じています。

そのために必要なのは、誰にでも門戸が開かれた学びに触れることです。

その学びの場所も機会も、現代社会ではいたるところに存在します。

何を学ばなければならないか、というのは人それぞれでしょうし、とにもかくにも「学びたい!」「学ぼう!」という欲求を健全に育んでいくことが、最初に必要とされることだと思っています。

私自身がそうだったのですから。

「失敗」は学びへのモチベーションになる

学びのスイッチはどこにある?

私が学びの世界に興味を持ち、その世界にドップリとはまったのは、「いままでとは違う人生を送りたい!」という、現状や過去に対する不満を持っていたことが、大きな理由です。

それでも、その解消のために学びが必要だと気づかされるのには、時間がかかりました。

それは学びをしていないから、何に触れればいいのか、わかっていなかったからです。もっといえば、落ちこぼれだったから「学習」というものが、体系的に理解できていなかったこともあるでしょう。

それでも偶然とはいえ、心惹かれて衝動買いした、前述のロバート・アレンの著書がずっと家に置いてあったので、それが学びに対する意識を継続させてくれていたのだと思います。

学びのスイッチは、いつどこで自分の目の前に現れるのかわかりません。人それぞれだと思います。

その役割を果たしてくれたのが、私の場合はロバートの著書でしたが、皆さまが真似をしてロバートの著書を購入する合理的な理由はありません。もっとも、学びの世界に興味があるなら、ぜひ一読してもらいたい名著ですが。

失敗で学びを誘発せよ

さて、私が不満と、それを解消したいという欲求を持つことができた要因は何かを考えてみましょう。

それを私は、

「自分の可能性を信じ続けていたから」

だと思っています。

振り返れば、いじめられていた小学校から中学校時代も、「いまに見ていろ!」という、見返してやりたいという気持ちは少なからずありました。

見返す手段などにまったく根拠がありませんでしたが、そうすることができる(かもしれない)という、望みを自分自身に持てていたということです。

もしかすると無謀な高校受験をしたのも、「無理だと思われている難関高に入学できれば、あいつらを見返せる!」という気持ちが少しはあったのかもしれません。

「見返す」というのは、言葉を換えれば**「自分に対する低い評価を覆す」**ということでもありますから、周囲からの自分に対する評価を、もっと上げたいという気持ちもあったのでしょう。

高校に入ってワルの仲間入りをして、プロ並みにパチンコや競馬の腕前を上げたのも、そういった気持ちと無縁ではなかったと思います。

「見返したい」「評価を覆したい」というのはまた、自分が置かれた境遇に満足していないことでもあります。

その意味で「失敗」は、不満を昇華させるためのスパイス、もしくは誘導物質のような存在でもあるのでしょう。

不満を昇華させるために必要な心構え

私は無意識のうちに自分に秘められている可能性を信じていて、そのおかげで学びの世界に足を踏み入れることになりました。

可能性を信じるというのは、言葉で示される以上に重要です。

それは自分の「失敗」をエネルギー源にして、「成功」への足がかりとしてきた私が、体験を通じて実感しています。

先に紹介したブライアン・トレーシーは、ポジティブかつアクティブに行動できない人の心境には4つのパターンがあると説いています。

①　行動を軽んじている
②　どう行動すればいいかわからない
③　失敗することを恐れて行動に移せない
④　自分の行動が否定されたり笑われたりすることを恐れている

このうち①は、何も知らずに闇雲に動き回っていた、20代の私と重なります。表面的にはアクティブでも思慮が足りていませんでしたし、ポジティブな発想からあれこれと計画を立てていたわけでもありません。似て非なる「ポジティブ&アクティブ」であり、これでは成功できなかったことも、現在なら納得です。

②も同じで、方法がわからないから闇雲に動き回っただけの話で、①と合わせて失敗した理由としてうなずけます。

③についても、売上至上主義だったことが証明していると思います。
売上がダウンしたら自分の評価が下がるのではないかという恐れ。

業績が下向きになったらオーナーから何をされるかわからないという恐れ。

そういったネガティブな感情が、見当違いな路線を突き進ませたのだと、いまでは理解できます。業績悪化という「失敗」を避けたい一心で、健全な経営計画を立てたり事業を遂行したりできなかったのですから。
④については、いじめられっ子だった当時のトラウマが、20代のころには活きていた、という意味で解釈しています。業績を悪化させるなどして自分の評価を下げたくないという心理は、「否定されたくない」「笑われたくない」という心理と同じようなものだからです。

そういった経験があり、それらを学びというフィルターを通してみると、行動前の心構えというのも、自《おの》ずと変化します。

これによって私は「失敗したくない」という気持ちを抱くことがなくなりましたし、

一度動き出したビジネスなどについては「成功するだろう」という楽観的な気持ちでいるようにしています。

「失敗」のビジョンが頭の中にあるようでは、まだ自分の可能性を信じていないということです。

また、周囲が「無理」だといっても私が自分の計画を押し通すことがあるのは、「笑われまい!」とするような肩の力を抜いているからです。

かつては闇雲に思いつきで目標を立てたり、直感的に憶測だけで行動を開始したりしていましたが、学びを通じて、そういう無駄がかなり減っています。

合理的であればそれでいいという意味ではなく、結果が「失敗」であろうと「成功」であろうと、しっかり「成功を見据えたプランニング」ができるようになっている、ということです。

資産のすべてをドブに捨てた
リーマン・ショック

その後も続く、私の「失敗人生行路」

2008年になって、ようやく学びへの興味がクライマックスに達することになる私ですが、それにはひとつの世界的大事件も関係しています。

覚えている読者も多いと思いますが、あの「リーマン・ショック」です。

アメリカの中産階級向け住宅ローンを証券化した「サブプライム・ローン」の値崩れが原因ですが、当時は「サブプライム・ローン」と聞いても、即座に日本のマーケットを直撃する金融商品だと気づけた人は、専門家以外にはほとんどいなかったと思います。

私もそうでした。

すでに当時は投資家としての活動も開始していて、株式市場にかなりの金額を注ぎ込んでいました。

しかし、株式のことはよくわかっていなくて、ほとんど証券会社のいうままに、オススメ銘柄を買っていただけです。

専門家がいろんな動向をチェックしながら銘柄を薦めてくれるし、こんなに楽なことはないと甘えて、自分で勉強しようという気持ちを全然抱いていなかったのですから、いまから思えば怠惰にもほどがあります。

そして訪れたのが「リーマン・ショック」です。

株式投資をしている人が読んだら卒倒《そっとう》すると思いますが、**当時の私は、よくわからないからと、最初に薦められた1銘柄にのみ、すべての資金を投入していました。**

そして、景気の状態からして値上がりを続けるといわれていたので、ほとんど放置状態にしていたのです。

さて、悲劇の幕は開きました。私が保有する銘柄は、あれよあれよという間に大暴落し、ついには株価が暴落して、紙くずになりました。

ほとんど一夜にして、私はすべての自分の資産をドブに投げ捨ててしまったのです。

知った上で、任せなさい

「リーマン・ショック」が引き金となって、

「最低限必要と思える知識は、他人任せではなく自分で身につけるべきだ」

という考えが強まった私。

そんなときに自宅で目に留まったのが、前述のロバート・アレンの著書でした。

「不動産投資って面白いな」という興味本位程度でしか読んでいなかったのですが、「投資というのは、どういうことなのだろう？」という、より深い疑問が湧きあがったとき、たまたま「投資」というキーワードで、ロバートの著書に異なる視点から興味が湧いたわけです。

といっても、そもそも投資のイロハを知りませんから、不動産投資などチンプンカンプンです。

そこで、「不動産に投資する」という目的のためではなく、「投資とは何なのか?」という、よりベーシックな疑問に対する参考書として、改めて読み直しました。

すると、「私にとって不動産投資はハードルが高すぎて時期尚早」という結果が導かれましたが、同時に、「マネーに関する知識を、もっと増やさないといけない!」という誓いを立てることにつながりました。

なぜ誓うのかという理由は、かいつまんでいえば、失敗しないために不可欠な、絶対に成し遂げてみせるという目的意識を高く保つためです。

そのために最初は、いままさに大失敗を犯したばかりの株式投資について、さまざまな知識を吸収しようという考えにいたります。

そして得たのは、

「ろくに投資の勉強もしないで投資の世界に身を投じることは危険」

という、聞けば当たり前と思えるような結論です。

そこで投資界のカリスマであるウォーレン・バフェット流の投資術に心を吸い寄せ

られたのです。

そうして学びを継続した結果、投資に関しては私の独力で続けることは、資質からして困難だと思いいたるようになります。

そして「バリュー投資」という新しい投資の手法があることを知り、その実践のためには一流の投資家からアドバイスをしてもらうことが、自分にとっての「成功への近道」だと、方向性が定められていったのです。

最高のメンターとの出会い

まだまだ「失敗」や「失敗未遂」は続きます。

「それはお前の学びが足りないからだ!」

とお叱りを受けそうですが、それでも私は前を向いていられます。

というのも、学びには終わりがなく、「新たな失敗」は、そのまま「新たな成功への糧」だと考えるからです。

2013年に私は、日本で500人規模を集客するセミナーを開催しました。

この前年に知己となっていた台湾出身の「超」がつく売れっ子講演家で、現在でも私の師匠であり友人でもあるロッキー・リャンがスピーカーのセミナーです。

ところが、開催2ヵ月前になっても、集客数が伸びていませんでした。

じつは大型セミナーを主催するのははじめてのことで、規模が異なれば手法もガラリと変わり、どうすればいいのか右も左もわからなかったのです。

このころの私は、学びをはじめて5年。

さすがに若いときのように闇雲に動き回るようなことはしません。

どうしたかというと、その道のプロにアドバイスをお願いしたのです。

具体的には集客を事業とする会社と提携して教えを乞い、出席してくれそうな知人がいたら、自ら出向いて一人ひとりに頭を下げたのです。

そして集客に確かな実績を持つ会社の意見を、忠実に行動に移したのです。

おかげで大惨事にはいたらず、私を信頼してくれたロッキーのメンツをつぶすこともなく、無事にはじめてのセミナーを終えることができました。

その後も「失敗寸前」という事態を繰り返し招きながら大惨事にいたっていないのは、その都度、学びを自分なりに活かせているからだと思います。

そういう点で見れば、学びの機会というのは、意外と「失敗」の直後か、そうなる最中に潜んでいるものかもしれません。

☑ほとんどの事柄は、何度でも挑戦ができる
☑長所を発揮したゆえの仕方ない(次につながる)失敗をせよ
☑「失敗」を経ることで、本質が見える
☑本質が見えれば、改善策も見える
☑ネガティブな発想からは、ネガティブな行動しか生まれない
☑学びを、行動を選択するための「フィルター」として活用する
☑失敗で学びを誘発せよ
☑最低限必要と思える知識は、他人任せではなく自分で身につけるべき
☑行動する前に、誓いを立てる
☑その道のプロに、アドバイスを頼む

Chapter 3

「失敗」と、お金を引き寄せるスキルの関係

「失敗」は、こうして
「成功への片道キップ」に変える

「失敗」には2通りのパターンがある

第3章では、これまでに紹介してきた私自身の「失敗」を、もう少し細かく見ていくことにします。すると、「失敗」には大きくわけて2種類あったことが見えてきます。

ひとつのパターンは、

「無知だから引き寄せてしまった失敗」

です。

これから自分が行動する結果、どのような結果を招くかという予測がまるで不可能というようなケースです。そもそも行動する意味すら、よく理解できていない場合も多いと思います。

もうひとつは、

「無謀だから引き寄せてしまった失敗」

これは行動した結果が何となく見えているものの、楽観的すぎたり憶測だけで動き出すなどして、よくない結末にまっすぐ進んでしまうケースです。

2通りの「失敗」は、2通りの「成功」でもある

この2通りの「失敗」を回避するために有効な手段が、学びです。
学びを通して行動できるようになれば、前記の2パターンは、

「知っているから引き寄せることができた成功」

「計画的だから引き寄せることができた成功」

に変えてしまうことができます。

「失敗」は、すでに起きてしまった結果です。

その後に学びを取り入れ、結果を変えようとしても不可能です。

だから「失敗」をする前に、学ぶほうがいいのです。

こんな単純なことですが、意外と誰もができているわけではありません。

実際に私がそうです。

本書で触れてきた数多くの失敗。

これらは事実として残ります。

学びの世界に踏み入れたあとで、それらの事実を消そうと思っても無理です。

しかし、今後の自分に降りかかってきそうな失敗は回避したり、ダメージを最小限に食い止めたりすることが可能です。

だから私は、消せない過去は事実として認め、そういう過去を持つ自分を正面から認めて、過去を活かすために、今後のために、学びを続けようと思っています。

読者のみなさまが、今後のために自ら進んで「失敗」をする必要もありませんから、私の過去を疑似体験して、未来に役立てていただければと考えています。

失敗を成功に変えるためには「実学」が必要

私は、成功するために必要とされる学びは「実学」だと思っています。
実社会やビジネスで、すぐにでも活用できる学問のことです。
明治維新後の日本で言論界をけん引し、教育者としては慶應義塾（現在の慶應義塾大学）を創設している福沢諭吉も、

「日本の近代化にもっとも有益なものは実学」

という考えを持っていて、慶應義塾はその思想に基づいてカリキュラムが組まれていました。これは現代の私たち、とくに「成功」を強く意識している読者のみなさまのような方々にも当てはまると思います。

学校の授業がチンプンカンプンで、教わったはずの数学の公式を何一つ覚えていな

いとしても、ビジネスの風向きを読むスキルや、ビジネスを有利に展開するための交渉術などを持ってさえいれば、それだけで「成功」には有利なのです。

そのために欠かせないのが、実学に即した学びなのです。

「学校の授業」と「実学」は、まったく違うもの

このことは、私自身が身をもって痛感させられています。

再三、書いてきたように、私は学業という点では落ちこぼれでした。偏差値社会では底辺に位置していました。

しかし、実学の世界での私は、決して落ちこぼれではないと断言できます。

数学の公式は知りませんが、ビジネスを軌道に乗せる法則は知っています。

古文漢文を読み下すことはできませんが、ビジネス文書の内容が語りかけてくる意

図は読み取れます。

化学式はサッパリ理解できませんでしたが、どんな要素と何をかけ合わせたらお金を生み出してくれるのかは理解しています。

こうした結果を生み出してくれるものが、実学です。

つまり、本書でいう学びとは、

「お金を引き寄せるスキルを身につけるための学問」

と定義します。

自分の力量を正面から評価する

私が体験してきた「失敗」を、どのように捉え直したり教訓にしたりすれば「成功」への片道キップに切り替えられるのか、あるいはどのように切り替えてきたのか、といったことを説明していきたいと思います。

最初はバーテンダー時代の話です。

すでに書いたように、私は音楽で生きる道が自分にとって高すぎる障壁だと感じ、早々にその道をあきらめています。

別の道で生計を立てようと考えるわけですが、未成年なので十分な思慮が働くはずもありませんでした。そこで、酒の味は知っていますし、安直にバーテンダーを選んだのです。

じつは同時期に、私は人生ではじめてビジネス書を購入しています。『自分の人生を無駄にするな！　D・カーネギーの「人生哲学」』（三笠書房刊）という、松阪麻《まつさかま》樹生《きお》先生の本でした。

やはり何かの知識を得て、よく考えて人生を決めようと思っていたのでしょう。危機意識は正常に働いていたようです。

ビジネス書に手を伸ばしたのには、別の理由もありました。

こちらのほうが、私の記憶には強く印象付けられています。

落ちこぼれだった私は、常に知性という点で劣等感を抱いていました。

バカにされたくないから、人と対等に話せる何かしらの知識を得たいと思っていたのです。

19歳でバーで働いていたとき、相手になるお客様は全員、自分より年上で経験も豊富な大人ばかりでした。

そんなお客様たちと対等に渡り合うには、ビジネス関連の知識を吸収して、何かしらの会話を成立させられるようにならないといけない……そんな風に考えたのです。

しかし、しょせんは付け焼き刃。

ビジネス書の内容を理解するためのベースとなる予備知識も持ち合わせていませんでしたから、意味を理解せず言葉だけを覚えていたようなものです。

加えて、意味のないプライドが邪魔をして、自分が無知であることを認める勇気も度量もありませんでした。

そんな知ったかぶりをしても、大人が相手ではごまかしきれません。後輩たちが見ている目の前でお客様に説教される結果となってしまいました。

これではプライドはズタズタにされ、やはり自分は落ちこぼれなのだと、ますます自己嫌悪に陥るばかりです。

そういう経験を踏まえて、現在では、知らないことは知らないと正直にいえますし、知らない自分を恥じることもありません。

「自分が何を知っていて、何を知らないのか」

これを認識することは大変重要です。お金を引き寄せるために、最高のチームをつくることができるようになるからです。

正直者であることは「お金を引き寄せるスキル」である

チームを結成するとき、パートナーとして選ぶべきは、**「自分に足りない部分を補ってくれる人材」**です。

足りない部分とは、知らない部分とも重なります。だから、自分に欠けている要素を知りたければ、自分が知らない部分を探り当てることが不可欠になるのです。

こうして私は「失敗」を通じて、正直でいることの重要性を身をもって認識できたのです。

正直者であるということは「お金を引き寄せるスキル」なのです。

バーテンダー時代の私は、「お金が離れて行くスキル」の持ち主でしたが、そのことを反省して、学びを取り入れた結果、「お金を引き寄せるスキル」の持ち主に生まれ変わることができたのです。

人物評価をするときの盲点

ホームレス時代の経験からも私は後々、さまざまなヒントを得ています。

たとえば、人の何を見てその人のことを判断するか、という問題です。

ホームレスは一部の例外を除けば、一般的に外見としては、「不潔」「みすぼらしい」といったイメージで語られると思います。

私は実際にそうだったのですが（笑）、だからといって、それがそのまま内面を正確に映しているとは限りません。

私のメンターとなってくれた人物だって、内面にはビックリするほど高い知性や素晴らしい経験値が隠されていたのです。

このときのインパクトはとてつもなく大きく、この経験から、私は一般論で人を判断しなくなりました。

ビジネスの世界などではよく、

「人間は結局のところ第一印象で値踏みされる」

というようなことが強調されますが、私の経験からすると、これは一面の事実であって真理ではありません。

私の考えを記せば、

「人間は結局のところ第一印象だけで値踏みできない」

です。

身だしなみを整えるなどという第一印象にまつわる行為は、相手に失礼のないようにするというマナーの問題で、これは相手から自分に対しておこなわれる精神的な行動です。

しかし、「相手を値踏みする」というのは自分から相手に対しておこなう精神的な行為であって、ベクトルが逆なのです。

つまり、**「第一印象も踏まえて相手を評価する」**というのが、正しい向き合い方だと思うのです。

第一印象は、あくまでも相手を評価する材料のひとつに過ぎません。第一印象で評価の大半を決めてしまうのは、もったいないように思います。

私の周囲にはたくさんの個性的な人がいます。

なかには、外見だけで判断すれば落ちこぼれのような人もいます。

逆に外見ばかり着飾って、中身がないというような人もいます。

しかし、みすぼらしい外見の人が、何か特別なスキルを持っていたりしたらどうでしょう。

しかも、自分を「成功」に導いてくれるかもしれないスキルだとしたら……。

読者のみなさまも、そんな人とはお近づきになりたいはずです。

逆に外見は立派でも中身がないような人物とは、できればお付き合いを避けたいはずです。こういう人物は、「巧言令色《こうげんれいしょく》鮮《すくな》し仁《じん》」（言葉巧みで、人から好かれようと愛想を振りまく者には、誠実な人間が少なく、人として最も大事な徳である仁の心が欠けているものだということ）という、2000年以上も前の『論語』の有名な言葉そのものです。

こういったことを考えていくと、第一印象というフィルターが、いかに邪魔になるかがわかると思います。

人物観察眼も「お金を引き寄せるスキル」である

それからホームレス時代には、人間の多様性ということも学習しました。

人それぞれに個性的な人生航路があって、自分には真似できないような特技を持っていたり、自分には考えもつかないような経験をしている人もいる。

当時は同じホームレス仲間でも、一人ひとりをじっくり観察すれば、同じ肩書きでくくり切れない多様性があったのです。

私のメンターもそうです。

ホームレスなのに飲食店の経営コンサルタントという、元経営者の知恵を活かした、常人には考えもつかない日常を送り、当時の私には未知の世界だった経営のことにも詳しい。

それでも未成年の自暴自棄になった若造と、表面的には「ホームレス」でカテゴライズされてしまうのです。

人間が多様性に満ちていることも知ると、ますます「第一印象」などというフィルターがちっぽけに感じられます。

ちっぽけというより不要な存在です。

そんな取るに足らないものをありがたがって抱え込み、そのことによって「お金を引き離している」としたら、何とももったいないことです。

「第一印象にとらわれない」人物観察眼こそが、真の意味での「お金を引き寄せるスキル」になるのだと思います。

「お金を引き寄せるスキル」は、
このような思考回路がつくり、
育んでくれる

失敗を「お金を引き寄せるスキルづくりの種」と考える

ここからは、私が学びを通じて得た「お金を引き寄せるスキル」の育み方を少し紹介したいと思います。

マーケティングの権威であるフィリップ・コトラーの言葉に、

「ボツになったアイデアは記録しておくべきだ。ボツになったアイデアの山が、別の人のインスピレーションの源となる場合もあるからだ」

というものがあります。

この「ボツになったアイデア」は、そのまま「失敗」という言葉に置き換えることができると思います。

するとコトラーの言葉は、

「失敗や挫折は事実として覚えておくべきだ」

というような内容に意訳することができます。

ここにある「インスピレーション」とは、「革新的なイノベーションを生み出すアイデア」のことです。これも私は言葉を置き換え、「成功への片道キップ」と意訳することにしています。

すると、

「失敗や挫折を覚えておき、それを利用して成功への片道キップをつくり出す」

という文脈に置き換えることが可能でしょう。

このように解釈すれば、「失敗」という、一見するとマイナスでしかない事実が、「お金を引き寄せるスキル」を生み出す「素材=種」になるということがわかります。

「種は学びによって育ててあげる」と考える

じつは方言丸出しで大失敗していたバーテンダーの経験は、私にとって「種」でした。というのも、お客様にお叱りを受けた意味を、**19歳当時の私は理解できなかったのですが、ホームレス経験を通じて人間観察が習慣化されたあとには、その経験を活かしたコミュニケーションの方法が身についていたからです。**

はじめて社長になって間もない時代に、この経験の種が実となって発揮されます。

といっても私がしたことといえば、できるだけ相手の意図を汲めるように相手の話をよく聴く、といった初歩的なものですが、これだけでも効果があったのです。

すでに記したように、新米社長だった私は当時、金策に駆け回っていました。

金融機関を訪ね歩いて融資を依頼するのですが、最初のうちは、「ビジネスの実績がないから」という理由で断られ続けたのです。

経営経験もない20代半ばの私が社長だといって名刺を渡しても、金融機関からすれば信用するに値しないと思って当然というところもありました。

しかし、資金繰りは何とかしなければならないし、急がなければ創業間もないのに呆気なく倒産です。

何のバックボーンも持たない私が、正面から「お願いします」と連呼しても、ビジネスの世界では通用するはずもありません。

そこで金融機関の支店長や融資担当者を説得するため、私は提出する資料をブラッシュアップし、説得するためのトークも自分なりに磨きました。

相手も人間ですから感情があります。仕事ですから、融資を決めるにはそれにふさわしい合理的な判断材料も必要です。何度か融資を断られているうちに、そうしたものを相手が求めているということに気づいたからです。

おかげで私の熱意が通じる金融機関が現れて、目標としていた最初の1億円の融資を引き受けていただくことができました。

このときの経験は、学びを通じて、さらに別の教訓も私にもたらしてくれました。

それは、「交渉は最初が肝心」ということです。

最初からブラッシュアップされた資料を持参し、相手が納得しやすい論理的なトークをしていれば、融資を成立させるのに、もっと時間や手間を省くことができたのではないか……。

そう思えば、交渉というのは「はじめの一歩」が重要で、そこで話を決められないようであれば、時間と労力ばかりを無駄に費やすことになるという教訓です。

「説得」ではなく「納得」を目指す

また、相手も人間で感情を持っている以上、論理的に自分を納得させられる感情の動かし方をされれば、こちらの提案に賛成してくれます。

「お願いします！」の連呼は、ただ単に感情に訴えていただけですが、論理的な理由をつけて言われれば、人は感情を動かしやすくなる。

そういったことを、この融資交渉の「失敗」から学び取ることができました。


そして、「説得より納得」というのは、じつは最初に在籍した会社のオーナーを反面教師として導き出された結論でもあります。

強権発動で、従業員を説き伏せようとしたオーナーは、あえなく反逆されてしまいました。

「説得する」というのは、場合によっては力ずくになることがあります。

しかし、これでは成功する可能性が低いです。

同じ言葉でも、相手が「納得する」ように用いれば、成功する可能性は高まるのです。

「説得」は多くの場合、理屈は理解できていても感情的にはしこりや違和感を残している状態に相手を置いてしまうこともあります。

しかし「納得」は、理屈の上でも感情の面でも、しこりや違和感を残しません。しこりや違和感は、いわば反目や反発などの火種でもありますから、「説得」経由では関係は長続きしづらいのです。

一方で「納得」経由ならば、不穏な火種を残していないのですから、関係は長続きしやすくなります。

ペンシルベニア大学ウォートンビジネススクールで、15年連続人気No.1の、交渉学の世界的権威、スチュアート・ダイアモンドは、コミュニケーションについて、こう述べています。

① 相手に完璧さは求めないが、正直さは求める
② すべては他人とのつながりから生まれる
③ 相手をだますような交渉は長続きしない
④ 誠実であれ

これを意識することで信頼というものが生まれてくるはずです。

信頼関係がないところで何をしても「成功」させるのは難しいのです。

信頼関係が築けている人物とのチーム結成が大前提です。

それが当時の私には欠けていた視点でした。

「自動車王」の異名を取るヘンリー・フォードは、

「私の机の上にはたくさんのボタンがあります。その中の正しいボタンを押しさえすれば、私が必要としている知識を持った部下がすぐきてくれます」

という言葉を残しています。

これを援用すれば私は、「正しくないボタン」を押していたわけです。

だから予期せぬ方向へと進まされたのです。

現在の私は方言もサッパリ抜けて標準語を話しています（のはずです）が、それでも当時を忘れずに、そして先に記したような学びを通じて得た教訓を、いまの仕事にも活かしています。

その意味では、私の仕事術のルーツはバーテンダー時代の「失敗」経験にあり、ベースは最初に在籍していた会社時代の「失敗」経験によってつくられている、ともいえるのです。

☑失敗と成功には、それぞれ2通りある
☑過去を活かすために、学びを続けよ
☑成功するために必要とされる学びは「実学」である
☑実学とは、「お金を引き寄せるスキルを身につけるための学問」である
☑自分の力量を正面から評価する
☑「自分に足りない部分を補ってくれる人材」をパートナーにする
☑正直者であれ
☑失敗を「お金を引き寄せるスキルづくりの種」と考える
☑交渉は最初が肝心
☑「説得」ではなく「納得」を目指す

Chapter 4

「失敗をチャンスに変える」を実践していた偉人たち

No.1

エジソンは「失敗」を一度もしていない!?

ここまでずっと、私の半生やそれにまつわる説明などを書き連ねてきました。

この章は趣向を変えて、歴史に名を残す偉人たちに見る、「失敗をチャンスに変える」の実例を紹介していこうと思います。

歴史に名を残すぐらいなので、ここに登場する偉人たちの多くは、

「失敗をお金に変える」

ところまでたどり着いています。

リターンがお金ではなかった場合でも、それこそプライスレスな膨大なリターンを

得ています。

学びというのは過去の失敗例を教訓として用いる側面があります。

「失敗をチャンスに変える」というと、多くの人が思い浮かべるであろう人物が、「失敗は成功の母」で知られる発明王のトーマス・エジソンでしょう。

彼の名言として有名なもののひとつに、

「失敗したのではない。成功しない方法を1万回試しただけだ」

という言葉があります。

とにかくトライアンドエラーの繰り返しだった彼の恩恵に、私たち現代人も多分にあずかっていることはご存じでしょう。

エジソンのみならず、最終的に大成功を収めた偉人たちの軌跡や思考回路に触れることもまた、重要な学びになるのではないかと思います。

前置きはこれくらいにして、さっそく次の偉人を紹介しましょう。

No.2

「挫折」を「挫折」で終わらせなかった自動車王

先に紹介したエジソンの会社で働いていた経歴を持つのが「自動車王」と呼ばれることになるヘンリー・フォードでした。

彼が若いときのアメリカは鉄道が幅を利かせていた時代です。すでに自動車は実用化されていましたが、あまりに高価すぎて上流階級御用達のような存在でした。

彼が住んでいた街の近くにも鉄道路線は敷かれていましたが、駅が遠くて実用的ではありません。多くの庶民は自分の足で移動していました。

だから隣町へ行くにも半日かかるほど。

そのような境遇にあったフォードは、20歳を越えたころには、機械いじりに強かったフォードは、エジソンの会社に就職して、内燃機関の研究に勤しみます。

「庶民の足となる、車を世に出す」

ことが自分の夢となっていました。

そんなときにフォードの才能を評価した資産家が現れました。

資金提供を受けてフォードは独立し、自動車メーカーを立ち上げます。

ところが同床異夢で、フォードが大衆車志向なのに対し、資産家は自分たちが乗る高級車の製造を考えていました。

これでは事業が順調に進められるはずもありません。

大衆車でも高級車でもない中途半端な商品ができあがり、当たり前ですが、まったく売れませんでした。

そこで会社はクローズしてしまいます。

しかし夢をあきらめないのがフォードでした。

「大衆車が必ず必要になる」という強い信念もありました。

そこで、解散した会社に残されていた商品を譲り受け、改良を加えて販売していくことにするのです。

今度は資本のバックボーンがありません。

すぐ経済的に困窮《こんきゅう》します。

フォードは家族を故郷に帰して単身赴任します。

手っ取り早くスポンサーを見つけるのに、昔も今も定番といえる手法が、世間を驚かせるデモンストレーションをすることでしょう。

改良を加えた車の出来栄えに自信を持っていたフォードは、自動車レースに出走して世の中にアピールしようと考えます。

目論見は大当たりし、優勝の栄誉に浴したフォードの技術に資本投下しようという人々が、彼のもとを訪れました。

こうして資金面の課題をクリアしたフォードは、自身のファミリーネームを冠した自動車メーカーを設立したのです。

しかし大衆車と高級車を巡る対立はここでも繰り返され、フォードは自ら興した会社を1年で去ります。

ここでも夢をあきらめていないフォードは、再び自動車レースを利用します。

こうしてフォードの名がつく2番目の会社が設立されたのです。

この会社でフォードの信念を具現化した車として完成したのが、有名な「T型」です。

当時としては画期的だった、ベルトコンベアーによるライン生産方式で量産化に成功。おかげで価格をグーンと下げることが可能になり、フォードの念願だった大衆車が陽の目を見たのです。

No.3

信念もろとも「失敗」をチャンスに変えた殿様

２０１８年ＮＨＫ大河ドラマの主人公は西郷隆盛です。現在の鹿児島県でも「西郷さん」と「さん」付けで呼ぶ人がいるほど、郷土に愛されている存在です。

鹿児島県の西半分は、江戸時代には薩摩藩が置かれ、鎌倉以来の名家である島津家が代々治めていました。

幕末期、西郷が最初に仕えた島津《しまづ》斉彬《なりあきら》が死没すると、その甥が家督を継ぎます。まだ幼いため、新藩主の実父が後見人となります。それが斉彬の異母弟・久光です。

彼が関係した幕末の重大事件として「生麦事件」が挙げられます。

幕府にモノ申すため上京した帰りの久光は、横浜に近い生麦という村を通過するとき、事情を知らないイギリス人など外国人4人に無礼（あくまでも当時の日本の常識で）を働かれます。即座に外国人たちは久光のお供に斬りかかられました。

これに激怒したのはイギリスです。

幕府に犯人の引き渡しと賠償金を請求します。薩摩藩にも賠償金を要求しました。ところが当時の薩摩藩は「外国船は打ち払え！」という路線でしたから応じるはずもありません。そうして、イギリス軍艦が錦江湾《きんこうわん》に侵入して砲撃するという「薩英戦争」が起きました。

外国との実力差を思い知らされた薩摩藩は以後、イギリスと協調する道を選び、開国路線にシフトします。

「失敗」から教訓を得て、信念もろとも、過去と決別したのです。

おかげで薩摩藩は、倒幕雄藩の一角を占めることになり、維新後の新政府に大量の人材を送り込んで、多大な影響力を行使できる立場となりました。

「生麦事件」という「失敗」を、見事に「チャンス」に変えたのです。

No.4

自ら招いた危機を機転で乗り越えた、あのおじさん

日本でもすっかりお馴染みの、ケンタッキーフライドチキン。

その考案者は、店先に飾られた白髪と白髭に穏やかな笑顔の立像で有名な「サンダースおじさん」ことカーネル・サンダースです。

彼はアメリカのケンタッキー州でガソリンスタンドを経営していたのですが、サービス精神にあふれた人物でした。ガソリンスタンドで給油していると、窓を拭いてくれたりしますが、これと同じようなサービスを、当時からカーネルもしていました。

そしてある日、近所に飲食できる場がないというお客様の声を聞いたカーネルは、

持ち前のサービス精神から、イス6脚と自宅で使用していたダイニングテーブルで、簡易的なカフェをスタンド内に併設してしまいました。

忙しい母親に代わって、小さいころから弟妹のために料理をしていたカーネルは、料理の腕前も確かなものを持っていました。

その彼がカフェで提供するメニューとして考案したのが、フライドチキンです。

その美味しさは口コミで広まり、カーネルの店は大繁盛します。

ところが第二次世界大戦の影響や近隣の道路網の整備によって、カーネルの店は客足が一気に落ちてしまうのです。とくに道路網の整備は深刻でした。

それまでは店の前を走る国道が、まさしくベルトコンベアーの如くお客様を次から次へと運んでくれていたのですが、別の地域にバイパス道路が建設されて、用済みとなったその国道は、めっきり車が通らなくなったのです。

しかも、建設推進派として運動していたのがカーネル本人でした。

いわば、自分で自分の首を絞めていたようなものです。

そしてカフェのオープンから約20年後。

カーネルは店を手放すことになりました。そして65歳にして無一文になったのです。本当に絵に描いたような「失敗」です。

しかしカーネルは、不屈の精神で立ち直ります。それを可能にしたのは、挽回の方法を、ずっと考え抜いていたからです。

そのうちに思いついたのが、大人気だったフライドチキンの〝レシピを商品に〟してしまうことでした。

最初は近隣のレストランに売り込んでみましたが、反応はサッパリでした。というのもレシピを商品と見なして、そのレシピでつくられた商品の販売額から一定のパーセンテージでロイヤリティを取るという、聞いたこともないカーネルの奇抜なアイデアは、なかなか受け入れてもらえないものだったからです。

それでも「美味しいから売れる」と信じて営業を続けたカーネル。

お試し気分で導入してくれた店でフライドチキンが評判となり、それが呼び水となって数年後には、全米に網を張るフランチャイズチェーンに成長したのです。

もちろん、カーネルの懐具合がホクホクになったのは、いうまでもありません。

失敗をチャンスに変えた偉人

No.5

「失敗」を、すぐさま学びのチャンスに切り替えた経営者

「生涯学習」を体現したかのような人生を送っていたのが、現在でも多くの経営者やビジネスマンを魅了してやまない本田宗一郎です。

彼の名言として「失敗を恐れるな」があります。

何もしないことのほうが恐ろしいと、彼は考えていたからです。

それは行動にも表れていて、ロクな基礎知識もないまま自動車部品メーカーを立ち上げ、闇雲に開発に邁進していたエピソードは有名です。

どうにもうまくいかずに、地元にある機械系学校の教師に意見を求めるのですが、

そこで何が原因なのかを、その教師に即座に言い当てられました。

これに宗一郎は驚きました。

ここからが、いかにも〝らしい〟のですが、**自分に足りないものがわかると、社長であるにもかかわらず、聴講生としてその学校に入り込んでしまうのです。**

29歳で学生になったのです。

夢中で勉強した甲斐あって、宗一郎が持つ専門知識は飛躍的に増えていきました。

その成果を開発に取り入れると、かつて悩み続けた問題点は解消され、ついに思っていた製品の開発に成功するのです。

続いて量産化に成功すると、品質のよさから注文が殺到するようになりました。

そういう人物だったから、何かの新技術を開発しても、そこで満足することなくさらなる改良や未知の技術の開発にすぐ取りかかりましたし、そのために必要な新知識の吸収にも貪欲でした。

社長というと、現場に疎《うと》く、技術系の会社であっても自社が手がける技術の中身をよく知らない、というケースは多いと思います。

しかし彼の場合は現場の誰よりも技術の本質を知り尽くしていたケースもあり、社長が視察に来るとなると、現場はピリッとした雰囲気に包まれたそうです。

さらにスゴいのは、自分の理論が間違っているとわかると、素直に部下の意見に従う柔軟な精神も持っていることでした。

つまらないプライドなど持ち合わせていなかったのです。

これらのことがやがて「世界のホンダ」という高い評価を生み出すことにつながっていくのです。

No.6

迫害される逆風に耐え切った思想家

私が前作でも少しだけ触れた『論語』。

その著者とされている孔子もまた、「失敗」を数多く経験しています。

孔子の思想は、封建主義と実力本位主義が行き届いていた春秋時代、「異端」や「危険思想」というレッテルを貼られるにふさわしい内容でした。

孔子は相手の身分に関係なく弟子を採る主義でした。

当時はこれが危険とされたのです。

知識や学問は長い間、支配層や特権階級が独占するものでした。

被支配者に余計な知恵をつけないためと、知恵があることを示すことによって自分たちの権威を高めるためです。

それが当然という時代に、孔子は誰にも平等に学びのチャンスを与えたのです。

なぜそうしたかというと、自分が理想とする社会を実現するために、学びが不可欠と考えたからです。

孔子とその一派は、これによって迫害される立場となります。

孔子と弟子一行は諸国を巡って、自分たちの思想を政治に取り入れてくれる君主を見つけようとするのですが、どこでも厄介払いされます。

当初の孔子は、ほどなく自分が仕えるにふさわしい君主に出会える、と考えていたようですが、帰郷すら満足にかなわないまま年月だけが過ぎていきます。

老境に達した孔子は、それでも理想の社会づくりに立ち上がってくれる君主が現れることを信じて、遊説《ゆうぜい》を続けました。

しかし結局、彼は死ぬまで、自分が仕えるべき君主と巡り合えませんでした。

ところが、ここで終わりませんでした。

彼の思想は脈々と現代にまで伝えられているのです。

それは「挫折」の連続の中でも、自分の思想の正しさを信じ続け、自分の夢がかなうときがやってくると信じていたからだと思います。

孔子の願いを受け継いだ弟子、孫弟子。

そうして世代をまたにかけて孔子の思想は伝えられ続けました。

そして500年近くが経ち、孔子の思想はようやく、時の権力者に認められて〝国教〟のような扱いをされるようになるのです。

失敗をチャンスに変えた偉人

No.7

凡ミスを新発明に変えてしまった博士

私たちの食卓に欠かせないツールのひとつとして、電子レンジがあります。「チンする」という表現が定着しているほど、お世話になることが多い家電製品ですが、その誕生はひとりの博士の「凡ミス」が引き金でした。

第二次世界大戦中、世界の当事国が新たな軍事技術を追い求めて競い合っていた時代でもあります。

そうした新技術開発の中には、電波を活用したものも数多くありました。

すでにマイクロ波を用いたレーダーが実用化された後、今度はその電波を敵兵殺傷のために使えないか、という研究が過熱していきます。

イギリスで大出力のマイクロ波発生装置が発明されると、今度は殺人光線を出せる兵器に改良しようという動きが本格化します。

その研究者の中にアメリカのパーシー・スペンサーがいました。

ある日、いつものようにマイクロ波の照射実験を試みた博士は、凡ミスで自分自身にマイクロ波を照射してしまいます。

それで死ぬことはない出力だったのは幸いですが、もっとラッキーだったのはポケットに入れたまま忘れていたチョコレートにマイクロ波が当たったことです。

ポケットから取り出したチョコは、マイクロ波が当たった部分だけ溶けていました。

ここで終わりなら笑って済ませるレベルの凡ミスですが、博士は、マイクロ波の照射でモノを温められる可能性に気づきました。そこでなぜか研究室にあったポップコーンの豆にマイクロ波を当ててみると、次々と弾けて食べごろになっていきます。

さらにメカニズムの研究が続けられた結果、殺人兵器ではなく家電製品の電子レンジが完成したのです。

失敗をチャンスに変えた偉人

No.8

挫折体験を巧みに使って名声を得た喜劇俳優

喜劇王の異名を取る俳優のチャールズ・チャップリンは極貧の家庭に生まれ育ちました。食べるものがなく革靴を煮て食べたこともあるそうですが、この経験が『黄金狂時代』のワンシーンのヒントになっていたのでしょう。

実生活での体験は悲劇そのものですが、映画の中でのそれは笑いを誘うものでした。

参考までにそのシーンを再現すると……。

吹雪を逃れて、打ち捨てられていた山小屋に駆け込んだ主人公のチャップリン。

そこには食べるものがなく、仕方がないので自分の革靴を煮込んで、ステーキに見立てて食べようとします。靴ひもは付け合わせのパスタを模していました。しかし合革製だったため噛み切れない、食べられない。


……というオチです。

トラウマとも思える実体験での「挫折」を、映画で使うときにはコメディにしてしまえたのは、天才性の一環を示していると思います。

自分の才能と成功を信じ続けていた彼は、役者になろうと決心すると、旅回りの劇団に入ります。そして一気にスターダムに躍り出ました。

その勢いを駆って映画界に転身するのですが、監督ともどもヒット確実と夢見ていたデビュー作が見事に大コケ。

そこで次なる一手を考える必要が生まれ、思案の末に編み出されたのが、トレードマークともいえるチョビ髭にダボダボのズボンという、あのいで立ちだったのです。

つまりデビュー作が上々の興行成績を上げてしまっていたら、喜劇王は生まれてい

なかったのかもしれないのです。

この誰が見てもチャップリンだとわかる特徴的なシルエットで世界中を笑いに包んだチャップリンでしたが、第二次世界大戦後に自分の信念を貫いたがゆえに不遇をかこつことになります。

戦後まもなく発表した『殺人狂時代』で、帝国主義的な世界の流れを痛烈に批判すると、アメリカ当局によって「アカ」のレッテルを貼られ、事実上の国外追放となってしまったのです。

当時の世界は冷戦が過熱していく時期でもありました。そこで自由主義陣営のボスでもあるアメリカは、共産主義の拡大に脅威を感じて、そのシンパと見れば猛烈に弾圧を加える「レッドパージ」を開始していたのです。

スイスに移住したチャップリンのもとに、アカデミー賞名誉賞を受賞したという連絡が入ったのは、およそ四半世紀後のこと。

時代が変わり、チャップリンに対する評価も一変したためでした。

自分を信じて自分を貫いた結果が、最晩年になって実を結んだのです。

☑ 偉人の叡智を、武器とせよ

Chapter 5

一生お金に困らない体質になる習慣

「お金に困らない体質」は、どうすればつくれるか？

「お金に困らない体質」と「孫子の兵法」

第3章で私は、人間観察によって、25歳のときに最初の1億円の融資を引き出すことに成功したという話を書きました。

これがそのまま結論にもなっていますが、人間観察を習慣化するというのは、「お金に困らない体質」をつくり出すということでもあります。

古今東西の兵法家を魅了してきた、現代日本でも人気が高い有名な『孫子』。

そこに書かれた有名な一文が、

「敵を知り己を知れば、百戦殆からず」

です。

自分のことを正しく理解して、相手のこともトコトンまで知り尽くす。そうすれば絶対に失敗しない、というのです。

すでに2000年以上も前に、この真理は天才兵法家の孫子によって明かされていたわけです。

相手を研究したからこそ、相手が納得できる資料やトーク術を用意できるのです。自分を正しく理解しているからこそ、いまの自分にできる最大限の準備ができるのです。そういう意味では、自分自身に対する人間観察もまた、「お金に困らない体質」をつくるうえで欠かせないファクターだといえます。

「お金に困らない体質」と「リスクヘッジ」

また、見かけだけで相手を判断しないということも第3章で書きましたが、これも「お金に困らない体質」づくりには重要です。

見かけというのは、何もファッションだけに限りません。

ビジネスをしていれば、頻繁にやり取りがある取引先とそうでない相手といった具合に、何かしらの線引きができてしまいます。

それは仕方ないことなのですが、見落とせないのはその先です。

新米社長になった当時の私は、売上至上主義に走っていたため、数字で営業先に線引きすることをしていました。

具体的には取引実績の度合いを、営業するうえでの目安にしていたのです。

なかなか取引が成立しない顧客は後回しにして、お得意様を最優先にした営業をしていたのです。

当時の私は、お得意様さえ手放さなければ、永続的な成長が見込めると信じていたからです。

ところが、そんな偏った営業は長続きしませんでした。

お得意様だって何かの事情が変われば取引がゼロになるリスクを常に抱えていますし、いまは取引実績が芳しくないとしても、何かの拍子にビッグな取引が成立してしまう場合もあります。

つまり、平均的に同じようにアクションをかけても、優先順位を決めて偏ったアクションをかけても、トータルで見れば理論上、結果にさほどの差は生じないのです。

しかし、何かの大きなリスクが生じた場合は、偏りを見せているほど、受けるダメージも大きくなります。

これは「リーマン・ショック」の大打撃を受けた当時の私にも当てはまります。

一点買いで株式投資をしていた私は、資産の大部分を失いましたが、投資の世界では常識の「リスクヘッジ」をしておけば、被害は少なく抑えられたはずです。

一点買いの魅力は、目論見が当たったときのリターンが莫大になることですが、反面でリスクが生じたときのダメージ量が半端ないというデメリットを持ちます。

将来に起こり得るすべてのリスクを事前に予知できれば、一点買いもいいのですが、そこまで人間は万能ではありません。

「成功」もすれば「失敗」もするのが人間です。

だから「失敗」に備える、「リスク」によるダメージを抑える、という考え方が外せなくなるのですが、お得意様という1点に絞った営業は、ダメージを受ける可能性を考えていない手法といえます。

「お金に困らない体質」と「人間観察」と「学び」

学びは「失敗に備える」ためのものでもあります。

私は「お金に困らない体質」を身につけるために、学びによって人間観察の重要性を教わり、観察したうえでコミュニケーションを取ることの重要性に気づかされました。

だから例えば相手がビジネスパートナーだとすれば、取引額の多寡にかかわらず継続的にコミュニケーションを取るように心がけています。

よく「人脈」といわれますが、いますぐ何かのメリットが得られる相手がそうなのではありません。

将来的に「ウィンウィン」で「成功」できる可能性がある相手、それが「人脈」なのだと思います。


将来性のあるなしを判断するには人間観察が必須です。


継続的に付き合いがあれば、観察の中身も濃くなります。

時折しか顔を見せない相手を、読者のみなさまも容易には信頼しないでしょう。

そして観察の中身が濃くなれば、それは信頼関係の構築にもつながります。

人間関係というのは、思いもよらないときに救いの手を差し伸べてくれることがあります。信頼関係が築かれていれば、その恩恵はますます膨らみます。

だから数字上とか外見上などというストッパーは、すぐにでも取り払うべきなのです。

私は2018年現在、世界中から実績のある講演家を日本に招いてセミナーを開催するプロデュースをしたり、自分が講師として登壇するセミナーを開催したりしていますが、これらのビジネスすべてに共通する重要なポイントは、

「人と人とのつながり」

です。

講演家本人はもちろん、彼ら彼女らを支えるスタッフとの円滑なコミュニケーションも重要ですし、参加者たちとの信頼関係も欠かせません。

講演家との関係が深まれば、次のセミナー開催を依頼されることもありますし、逆に講演家の本拠地に私が乗り込んでスピーチするような機会にも恵まれます。

参加者の中から次の成功者が生まれれば、それは私にとっての望みでもありますし、その方と次なるビジネスを仕掛けるチャンスにも出会えます。

私をサポートしてくれる部下やスタッフとの関係が円満なら、よりスムースなビジネス展開のために労力を惜しまず費やしてくれますし、新規ビジネスのアイデアを提案してくれる機会も訪れます。

こうしたことを、学びと経験によって確信できたからこそ、私は可能性を限りなく広げるために、数字や外見にとらわれず門戸を開放しておくことは得策だと考えますし、相手の可能性を見抜くための人間観察が必要だと信じています。

「人とのつながり」を意識する習慣が「将来とのつながり」をつくる

「忖度《そんたく》」は、絆をつくる

人間観察の重要性については理解していただけたと思います。

そこで次は「人とのつながり」が、どのように自分を利するのかを書いてみたいと思います。

人間観察を特定の人物に向けて続けていくと、「その人とのつながり」の強さや濃さなども育まれます。

特定の人物との結びつきが強くなれば信頼関係が生まれます。

そして「つながり」に意識を向けられるようになると、自然と、

「相手のためにできること」

「相手が望むものは何か？」

といったことを考えられるようになると思います。

これを簡単に記せば「思いやりの心」で、2017年の流行語を用いれば「忖度」ということになるでしょう。

「忖度」できるということは、相手の意向に先んじて、相手の望むことをしてあげられるということです。

これにより相手の自分に対する信頼は、ますます高められることでしょう。

自分に強い信頼を寄せてくれる人物は、逆に自分に対しても「忖度」してくれるようになります。

こうして信頼関係がクライマックスまで強化されていけば「絆」に形を変えます。

「絆」が築かれれば、さらに「つながり」というものを意識するようになります。

こうして「つながり」は、健全なスパイラルで、自動的に成長を続けるようになるのです。

人とのつながりを維持すれば「共存共栄」がつくられる

「つながり」を維持するためには、先ほどの「忖度」が欠かせません。

そして、相手を思う心というのは、「他者利益を考えること」でもあります。

これをお互いに与えること。

それが、「共存共栄」です。

相手が困っていたら自分にできる限りのヘルプをする。

相手が何かを補ってほしいと思っていたら自分の持てる能力を提供する。

それをお互いにし合えれば、これも「ウィンウィン」の良好な結果を招きやすくなるはずです。

私が敬愛する、世界的に著名な講演家であり超一流のメンターでもある医師のディ

ーパック・チョプラは、

「自己欲求より他者欲求を満たすことに注力すること」

を主張しています。

これは、「自分の利益より先に他人の利益確保を目指す」ということで、まさしく「他者利益」の重要性を説いた言葉です。

そして、これをお互いにすれば、そこには「共存共栄」の関係が築かれていくわけです。

彼はインドの出身で、メンターとしての顧客にはミハイル・ゴルバチョフ元ソ連大統領や世界的歌手のレディー・ガガなど、そうそうたるメンバーがそろっています。

メンタル面も重視したその主張には私も大いに共感するところがあり、２０１４年には彼を日本に招いて共同講師としてセミナーを開催したこともありました。

「社会とのつながり」は、あなたのメリットになる

「他者欲求」に敏感な自分をつくり上げると、どのような変化が起きるのでしょうか。

身近な部分では、人間関係に広がりや奥行きがつくられているので、助太刀が必要なときには必要としているサポートを受けやすいでしょうし、そのことによってスピーディに局面を打開することも可能になるでしょう。

仮に結果が「失敗」だったとしても、立ち直りがスムースに行くはずです。

それ以前に「失敗」のリスクは、大幅に軽減されているはずです。

まだまだメリットはあります。

自分ではない誰かのために頭をフル回転させるのですから、自分を取り巻く周囲に対する感度が向上します。

相手の意向を汲み取るというのは、ニーズを的確に把握するのと同じですから、ビジネス上のアンテナ感度もグンとアップするのです。

つまり、現在進行形で「つながり」を築いている相手のみならず、自分を取り巻く周囲に対しても、いままで以上に「つながり」を強化できるということです。

ここでいう「周囲」とは、何も人間だけに留まりません。

社会環境、ビジネス環境……そういったすべてが対象になるのです。

こうして社会全体と自分との「つながり」が強化されていくと、どうなるのでしょう？

今度は社会そのものが自分との「つながり」を求めるかのように、さまざまなメリットを与えてくれる存在となります。

こうなると無敵だと思いませんか？

私は、そういう存在になることを目指しています。

そのために、学びの継続が必要とされるのです。

「人とのつながり」が生み出す、よりよい未来

こうして健全に「人とのつながり」を強化していければ「社会とのつながり」も強化されます。やがてそれは「将来とのつながり」をつくり出すことになります。

現在の行動や考えしだいで未来は変わるものです。

私たちが「絆」を求めるのは、刹那的にいまの一瞬をよくしたいからではありません。永続的な信頼関係を築くことによって、相手と一緒に「よりよい未来」を実現したいからだと思います。

「人とのつながり」を大切にすることは、「将来とのつながり」を大切にすることなのです。

現在の良好な人間関係は、未来の良好な結果を生み出す源なのです。

世界的なカリスマコーチのアンソニー・ロビンズは、

「これからの10年をどう過ごしていくか。10年後のために、今日何をすべきか」

という教えを説いていますが、10年後に自分が理想とする明るい未来を実現させたいなら、今日のこの時間、「よりよい人とのつながり」を築き上げることに意識を向けるべきだと考えています。そして、それを強化しながら維持し続ける10年間があって、明るい未来を手に入れられるのです。

将来と現在とは、私たちの想像以上に密接にリンクしています。

そのことを脳内に固定させておくためにも、学びは必要です。

学びによって「人とのつながり」を意識することを習慣化させ、「将来とのつながり」を意識できる自分を保つのです。

そういう点で見れば、学びは未来への先行投資という性質も併せ持っています。

すると「失敗」は、未来への先行投資のための原資と考えられるでしょう。

そして、学びを投資だと仮定するなら、ウォーレン・バフェットが説いている、

「損をしたのと同じ方法で、損を取り戻す必要はない」

という言葉にも違った意味を持たせることができます。

「失敗」を経験したら、別のカテゴリーや異なるルートを用いて挽回してもいいのです。それは「失敗」の属性を無視してもいいということで、トータルでプラスであれば御の字だ、ということです。

実際に私も、そうして起業家としての道を歩んできました。このビジネスが思わしくなければ別のビジネスに挑戦してみよう。この方法で失敗したから、次は別の方法を試してみよう。まさしくトライアンドエラーの繰り返しです。

そして、未経験の分野に足を踏み入れれば、当然ですがノウハウがないために失敗するリスクは高まります。それでもトライすることのほうが重要です。

仮にダメだったとしても、それは、よりよい未来のための原資なのですから。

自分自身への信頼が「お金に困らない体質」をつくる

お互いに「信頼」し合っているとは、どういうことなのか？

「人とのつながり」を重視する行動が信頼関係を築くことは先に記しました。

それが相互の関係になれば、絆をつくるということも記しました。

すると、「信頼」があれば、**「お互いに相手が不完全であると認め合いつつ、人物全体を受け入れている」**という関係が築かれることも意味します。

相手に不足している部分があるとわかっている。

だから、相手から不足を補ってほしいと頼まれたら、できる限りのサポートをしようという気持ちが生まれるのです。

不足を補ってほしいとお願いする側も、それをサポートする側にも、相手を「信頼」する気持ちがなければ、このような関係性は築かれないのです。

自分自身を「信頼」せよ

ここで自分自身を振り返ってみましょう。

誰かに何かのサポートをお願いするとき、意識している、いないにかかわらず、「自分には足りない部分がある」ということを自分で認めているはずです。

目を背けずにありのままの自分を観察し、ありのままの自分という存在を認めるからこそ、何が不足しているのかを理解することができます。

このことを別の言葉で説明すれば、「不完全な自分でも、長所があれば快く丸ごと受け入れている」という状態を表します。

ということは、自分の不足を知っていて、信頼できる誰かにサポートを依頼しようとしている自分は、「自分自身を信頼している」状態であるともいえるのです。

「不完全」というのは、何かが足りていない状態です。

不足しているかどうかを測る何らかのモノサシが、そこにはあります。

だとすると、「不完全」は「基準未満」という状態といえます。

「基準未満」でもＯＫということは、「このくらいの基準さえクリアしていれば満足」という考え方ができるということです。

まわりくどい言い方をしましたが、つまり「信頼」というのは、相手に対するときも自分自身を対象とするときでも、パーフェクトな行為や結果を求める心理ではないのです。

「自信」を育むことが、明るい未来を導き出す！

そこで曲解《きょっかい》といわれるかもしれませんが、次の言葉を紹介したいと思います。

先に登場いただいたディーパック・チョプラの言葉です。

「誰もが、自分のことが一番大好きです。その大好きな自分を大切にしている人だけが、他人を大切にすることができます。だから、まずは自分を大切にすることから始めてください」

どうでしょう。

自分と正面から向き合って不完全でも認めるという「自己愛」を徹底していれば、自ずと周囲へも愛情を向けられるようになります。

そうして「自己愛」と「他者愛」を両輪のように機能させること。それこそが「博愛主義」なのではないかと、個人的には思います。

自分自身が秘めた可能性を信じることの重要性を、私は前著でも本書でも書いています。

じつは、自分を好きになることによって、自分に信頼を寄せることは、「成功」への足がかりとなるのです。

こういう心理状態を維持できているのが「自信」なのです。

「自信」とは、「自分を信頼する」ことなのです。

それが回り回って、よりよい未来を導き出してくれるのです。

☑自分のことを正しく理解して、相手のことも知り尽くす
☑リスクが生じた場合は、偏りを見せているほど、受けるダメージも大きくなる
☑「リスク」によるダメージを抑える
☑「忖度」は、絆をつくる
☑自己欲求より他者欲求を満たすことに注力すること
☑現在の良好な人間関係は、未来の良好な結果を生み出す源となる
☑損をしたのと同じ方法で、損を取り戻す必要はない
☑自分自身を「信頼」せよ
☑「自信」を育むことが、明るい未来を導き出す

LAST Chapter

失敗をお金に変えることができた……その先は

お金を「殖やす」というフェーズに行こう

ここまでで、みなさまには失敗がチャンスに変わり、失敗はお金に変わるということをご説明してきました。最終章では、お金に変えたその先に考えることを述べて、本書を締めくくりたいと思います。

さて、みなさまは「お金を殖やす」という言葉に触れて、どのような行動を思い起こすでしょうか？　銀行に「預金」？　それとも郵便局に「貯金」？

どちらもお金を管理する方法の手段として間違いではありませんが、「お金を殖やす」という手段としては間違っています。

それは、預貯金をしてもお金は「殖えない」からです。

「そんなことをいっても、利息がついたりするじゃないか？」

という反論が聞こえてきそうですが、それでも私の結論は間違っていません。

また、現在の日本国内はゼロ金利政策で利息がほとんどないに等しい状態ですが、そのことを指して「殖えない」といっているわけでもありません。

さて、私はここで「殖」という漢字を使っています。「増える」「増えない」とは書いていません。ここに秘密があります。

「殖やす」と「増やす」は大違い！

みなさまは「お金に働かせる」という言葉を聞いたことがあるでしょう。

じつは、「お金に働かせる」ことをしないと、お金は「殖え」ないのです。

「増減」という対になった漢字があるように、「増える」というのは「減る」ことと表裏一体です。増えることもあれば減ることもあります。

一方で「殖」という漢字には対になる漢字がないのです。

つまり、「殖える」ことはあっても逆がないのです。

また、「増」という漢字は、数量そのものが多くなることを意味しているのですが、「殖」は、その素材自体が自発的に働いて自らを多くしていくのです。これは私の勝手な理屈ではなく、かつて国が正式に漢字の意味の違いとして公表したものです。

数量そのものが多くなった少なくなったのを表すのが「増減」で、少なくなるという概念が最初からない、どんどん多くなる一方という状態を示すのが「殖」なのです。

お金は「働かせて」こそ活かされる!

まわりくどい言い方をしましたが、もうおわかりだと思います。

「お金に働かせる」という言葉は、**正確には、「お金に自発的に働かせる」ということ**

となのです。

預貯金で金融機関に保管されたお金は、自発的に働くことができません。金融機関が融資先や投資先を決めて、はじめて働く場を与えられます。そこに私たちの意志が入り込む余地はありません。お金が受け身で働いて、結果は多くなるか少なくなるか。働く期間を終えるときがくるまでわかりませんが、とにかく「増」か「減」のいずれかしかもたらさないことになります。

働く期間というのは金融機関に保管されている間と同じです。これは預貯金している間ということですから、多くの場合で半永久的といえるでしょう。

そして結果としての数量の期待値も、私たちにとっては予め決められたもの（利息など）でしかありません。

一方で、自発的に「殖えて」ほしいと思えば、私たちは最大限に実力を発揮できそうなフィールドを選び抜いてお金を派遣することができます。

働いてもらう期間も半永久的なものではなく、何かの結果を出したら次のフィールドへ、という具合で、いたって不規則です。

結果としての数量の期待値は予測できますが、ほとんど決まりきったものではなく、マーケットの動向に大きく左右されます。

資産が目減りする場合もありますが、もともと目減りさせることを目的としているわけではないので、このケースは単純に「失敗」と見ることができます。

この比較的自由に市場を動き回らせるお金の使い道こそが「投資」で、だから投資をしないとお金は決して「殖える」ものではないのです。

それでも最初は「貯める」「預ける」から

そうはいっても、最初から投資に十分な資産を用意できているわけではありません。

私だってそうでした。

小さいときから母親に、「貯金しなさい」と刷り込まれていた私は、そうすることがお金を「殖やす」ものだと信じ切っていました。

だから23歳のときに保険で積み立てをしようと思い立ち、実際にそうしました。

ところが間もなく、積み立てに回すお金が工面できなくなり、解約したという苦い過去があります。

あのまま積み立てを続けたところで、リターンは最初に提示された金額でしかありません。それ以上にかさ増しされる可能性がないことを考えると、お金を最大限に活かせる選択ではなかったことは間違いありません。

現在の私からすれば無駄な行動だったのですが、当時はこれが正解だと思い込み、そのことを疑うことすらしませんでした。

それでも後々、投資という選択肢があることを知ると、23歳の経験が同じ過ちを繰り返さないためのツールになったのです。

そして、「お金を増やす」ではなく、「お金を殖やす」ことを意識できるようになったのです。

現在の私は、資産の管理や日常生活のためなどの最低限の用途でしか預貯金という

ものを利用していません。いわば財布代わりのような存在です。

財布に入れているだけなので、その金額が大きくなることも期待していませんし、働いてもらおうという考えだって当然ありません。

それよりも「殖やす」ために働いてもらうほうに大半の資産を投入しています。

株式投資、不動産投資、そして自己投資……どれも自分で予想する以上のリターンをもたらしてくれる進路です。

しかし、「働いてもらうお金」となると、1000円や1万円では力量不足。

やはりまとまった額の元手は必要です。

そこで、存分に働いてもらえるメンバーがそろうまで、その待機場所として預貯金を活用するのです。きちんと縛りをかけて自省して、一定の金額になるまで手を付けない。そういう口座を設けるのです。

こういった理由であれば、積み立てというのも利用価値があります。

ただ、途中で無理が生じても意味がないので、積み立てなどをする場合には、生活を脅かさない程度にしましょう。

また、急な出費があっても取り崩さずにすむよう、セーフティネット的な口座を念のために設けておくのも、いいかもしれません。

預貯金の正しい活用方法とは?

そして勘違いしてほしくないのは、近い将来の目標に備えた緊急避難的な措置が、預貯金だということです。

たとえば10万円という目標値を設定して、それが達成されたら預貯金とはオサラバです。その元手を振り出しに、「お金を働かせる」ことによって「殖やす」ルートに路線を変更するのです。

そう考えると、預貯金というのは、明るい未来を導き出すための習慣づけという意味も持ちます。

預貯金に対して明確な目標があれば、何となく預貯金しているよりも、はるかにスピーディに目標額に到達することができるでしょう。

それではここで、預貯金を活用するうえでの心構えも紹介したいと思います。

① 自動積み立てなどを利用する

月に1万円でも5000円でもいいので、一定額を〝絶対に〟積み立てます。「決まった金額を定期的に明るい未来への先行投資をするんだ」という誓いを立てて、一刻も早く習慣化することも忘れてはいけないでしょう。

② 収入があったら先に取り分ける

使った残りから一定額を、というようなアバウトな決め事だと、そもそも残金が目標金額を下回るケースも出てきます。というより、決意が緩いからアバウトな取り決めになるものです。だから収入があったら、何かに使い始める前に設定額を取り分けて、さっさと入金してしまいましょう。

「働いてくれるお金」が、明るい未来をつくる

この2点を確実に実行するため、家計簿をつけるなどして自分の収入と支出のバランスを常に確認することも重要です。

項目は細分化する必要もなく、ただ収支がどうなっているかを確認できる程度で十分です。

4億円の売上がありながら赤字だったダメ社長時代の私。収支のバランスを気にかけることをしていなかったのが「失敗」の根本的な要因でした。

家庭版の帳簿があれば、私のような「失敗」とも縁遠くなると思います。

また、家計簿があれば無駄な支出も自ずと浮かび上がってくるでしょうから、これも「明るい未来」のためには有益です。

最後に、ロバート・キヨサキの言葉を贈ります。

「いまこそファイナンシャル教育によって身を固めるべきときだ。お金に関する知能を高めれば、どんな状況でもあなたに富をもたらす機会を見つけることができる」

さあ、「お金が働く」ステージに到達しました。
次は何を考えましょうか。
何をしましょうか。

「失敗をお金に変える」ことはゴールではありません。
それが実現できても、その先もまだまだ人生は長く続くのです。
「お金に変えた、その先」は、もう目の前です。

エピローグ——

無駄な失敗はない

私は、実現させたい夢を、次から次へとつくり続けることにしています。

ひとつの夢を叶えたら、別の方面から予期しなかった夢の舞台を用意されることもあります。

2016年の9月。45歳を迎えた私は、ロッキー・リャンの招きで中国へ渡り、1万人の聴衆を前にスピーチするという貴重な機会を得ました。

ロッキーは私の師匠でもあり、私は高弟と表現してもいいような立ち位置なので(ロッキー本人はどう思っているのか知りませんが……)、ロッキーにどのような教えを受けたのか、それをどのように活かしたのかといった内容を話しました。

もともとロッキー主催のセミナーに参加したことからはじまった交流ですが、やがてロッキーは、日本でのセミナー開催を思い立ち、そのプロデュースを私に依頼してくれました。すでに述べた「失敗未遂」の大規模セミナーのことです。

これも彼からすると、「稲村なら絶対にできる！」と、強い信頼をしてくれていたからでした。それに応えるべく、私も奮闘したわけです。

それがますます彼からの信頼を勝ち取ることになり、私に対するプレゼントのつもりだったのか、前記のような晴れ舞台を用意されたのです。

私の感覚では彼との間に現在、強い絆が結ばれていると感じています。

ほかにも、ロバート・アレンの著書によって投資の世界に興味を持った当時には考えられなかったことですが、現在の私は不動産投資にも積極的です。

世界三大投資家ウォーレン・バフェットの株式投資テクニックを身につけたシンガポールのケイデン・チャンが提唱する「バリュー投資」という学びを得たからです。

それに加えて、ロバート本人からも不動産投資についてアドバイスをいただくことができ、私が不動産投資に参入する目途がついたというわけです。

現在は、ロバートとケイデンのエージェントとして、彼らのメソッドを広めるという活動もしています。

以前から世界に向けてビジネスを展開したいと夢見ていた私は、その手始めとしてアジア各国をターゲットにさまざまなビジネスを仕掛けています。

その発端となったのがロッキーとの出会いですが、その延長戦上にケイデンとの出会いがあります。

正直に話すと、シンガポールには興味がほとんどありませんでした。私がマーケットとして見ていたのは中国、台湾、韓国、それから手を伸ばしてフィリピンやベトナムあたりまで、というのが私のロードマップに描かれた地域でした。

それが縁あってシンガポールへ足場を築けることになったのです。

そもそもの目的は不動産投資の世界へ足を踏み入れることでしたが、思わぬプレゼントが舞い込んできたのです。

「バリュー投資」によって自信を深めた私は、さっそく国内外で投資の準備をすることにしました。その本格始動は２０１８年5月を予定しています。

さらに、２０１８年10月には、『ロバート・アレンの実践！ 億万長者入門』のロバート・アレンと『金持ち父さん 貧乏父さん』のロバート・キヨサキを日本に招き、１万人規模のセミナーを開催します。

このような感じで、私は自分の人生がとてつもなく愉快なものだと感じる毎日を過ごしています。次々と夢を考え出す時間も愉快ですし、その実現に向けて努力する時間も、ときには大変ですが愉快なものです。

結果はどうあれ、ひとつの目標についてゴールすることも、愉快なひとときです。

学歴社会の〝落ちこぼれ〟だったこと。いじめられっ子だったこと。ホームレスを経験したこと。大借金を背負ったこと。

すべては人生を愉快なものにするために必要だったことだと、現在では思います。

「失敗」に無駄なものなどないし、それらは「お金に生まれ変わる」ことができ、そして人生を愉快にしてくれるのです。

そのために欠かせなかったのが、各種の学びでした。

だから、学びは「失敗をお金に変える」だけではなく、「人生を愉快に変える」エネルギーも秘めているのだと感じています。

ウォーレン・バフェットもいっています。

「正しい列車に乗りさえすれば、お金と苦痛が節約できる」

ここで示された「正しい列車」とは、学びのことなのではないかと、私自身は解釈しています。こうして、学びによって望むべき「明るい未来」へと走っていく。

その私は、これまで得た有形無形の財産を、できる限り社会に還元したいと考えています。本書を含めて3冊の書籍を執筆してきたのも、それが動機です。

「社会に還元する」というのは広げて考えれば「社会福祉に貢献する」ということです。私が自分の人生で学びというフィルターを通して得た教訓や気づきは、できるだけ多くのみなさまと共有すべきだと考えるのは、「社会福祉」が念頭にあるからです。

「社会福祉」というと、ボランティアなどのイメージが強いと思いますが、自分にできる社会協力をできる限りすることが「社会福祉」だと私は思っています。

それには社会との「絆」も欠かせません。

それを維持するための学びにも力が入ります。

そうやってゴールがありそうでない人生を有意義に過ごしていくことが、「失敗をお金に変える」ことができた先のテーマなのではないかと、私は考えています。

さあ、あなたはこれからどんな失敗をするでしょうか？

そして、どのように失敗をチャンスに変えるでしょうか？

心から、応援しています。


最後にこのひと言をあなたに贈って、本書を締めくくりたいと思います。

「人生は、何度でもやり直せる」

稲村徹也

参考文献

・アンソニー・ロビンズ、本田健（訳・解説）『一瞬で自分を変える法』（三笠書房）
・アンドリュー・カーネギー、田中孝顕（監訳）『富の福音』（きこ書房）
・貝塚茂樹（訳注）『論語』（中央公論新社）
・ディーパック・チョプラ、岡野守也（訳）『人生に奇跡をもたらす7つの法則』（ＰＨＰ研究所）
・デール・カーネギー、山口博（訳）『人を動かす』（創元社）
・ナポレオン・ヒル、田中孝顕（訳）『思考は現実化する』（きこ書房）
・原田一男『人間・本田宗一郎の素顔』（ごま書房）
・ピーター・ドラッカー、上田惇生（編訳）『【エッセンシャル版】マネジメント』（ダイヤモンド社）
・フィリップ・コトラー、木村達也（監訳）有賀裕子（訳）『コトラーのマーケティング講義』（ダイヤモンド社）
・ブライアン・トレーシー、早野依子（訳）『ゴール』（ＰＨＰ研究所）
・ロバート・キヨサキ、白根美保子（訳）『金持ち父さん 貧乏父さん』（筑摩書房）
・ロバート・G・アレン、今泉敦子（訳）、神田昌典（監修）『ロバート・アレンの実践！ 億万長者入門』（フォレスト出版）
・スチュアート・ダイアモンド、櫻井祐子（訳）『ウォートン流 人生のすべてにおいてもっとトクをする新しい交渉術』（集英社）

著者プロフィール

稲村徹也（いなむら・てつや）

ウェーブリンク株式会社代表取締役。経営コンサルタント業、集客、マーケティング、人材教育業、投資会社などを経営。石川県金沢市生まれ。2000年続く能登比咩神社の家系の末裔。21歳で人材アウトソーシング業創業。株式上場を目指し年商20億円の企業にまで成長させる。当時、銀行の貸し渋りや、規制や制限の問題で、資金が続かず倒産。30歳で億単位の借金を背負う。その後、再スタートをきり、経営コンサルティング業や集客、マーケティング、人財教育業、投資会社など各々億単位の年商をあげる複数の会社を経営。現在は、欧米や中国などの世界の超一流人と公私ともにかかわりながら、自らの学びや経験を交えたビジネスセミナーも開催している。

日本のレベルを世界基準にするために、セミナー講師や企業のビジネス構築やマーケティング、ブランディングをプロデュースしている。

著書に『世界の超一流から教えてもらった「億万長者」思考』（日本実業出版社）、『お金を稼ぐ人は何を学んでいるのか?』（きずな出版）がある。

稲村徹也オフィシャルサイト
http://www.inamuratetsuya.com/

「失敗」を「お金」に変える技術
―すべての人にチャンスが与えられた時代の必須スキル

2018年5月1日　第1刷発行

著　者　　稲村徹也

発行人　　櫻井秀勲
発行所　　きずな出版
東京都新宿区白銀町1-13　〒162-0816
電話03-3260-0391　振替00160-2-633551
http://www.kizuna-pub.jp/

協力　　烏丸千
ブックデザイン　池上幸一
印刷・製本　モリモト印刷

ISBN978-4-86663-033-5

きずな出版